파이널 패스

핵심이론과 함께하는

100선

박문각 공인중개사

윤영기 공인중개사법·중개실무

브랜드만족
1위
박문각

근거자료
별면표기

2024

이 책의 차례

01
테마 총정리

02

족집게 100선

03

복습문제

테마 총정리

테마 01 용어의 정의

1. 중 개

> (1) 정의: 법정중개대상물에 대하여 거래당사자 간의 매매·교환·임대차 그 밖의 권리의 득실변경에 관한 행위를 알선하는 것
> (2) 관련 사항
> ① 금전소비대차의 알선 ⇨ 중개(×) / 권리금 알선 ⇨ 중개(×)
> ② 저당권의 설정을 알선함을 업으로 ⇨ 중개업(○)
> ③ 중개행위 해당 여부 ⇨ 주관적 의사 고려(×), 객관적으로 보아 사회통념상(○)
> ④ 자격증과 등록증을 대여받아 중개사무소를 운영하던 중 임차의뢰인에게 자신이 오피스텔을 소유하고 있는 것처럼 가장하여 임대차계약을 체결한 경우 ⇨ 중개행위(×)
> ⑤ 부동산 매매계약 체결을 중개하고 계약체결 후 계약금 및 중도금 지급에도 관여한 개업공인중개사가 잔금 중 일부를 횡령한 경우 ⇨ 중개행위(○)

2. 중개업

> (1) 정의: 다른 사람의 의뢰에 의하여 일정한 보수를 받고 중개를 업으로 행하는 것
> (2) 관련 사항
> ① 공인중개사 자격 및 중개사무소 개설등록은 중개업의 성립요소가 아니다.
> ② 우연한 기회에 단 1회 건물전세계약의 중개를 한 경우 ⇨ 중개업(×)
> ③ 보수를 받을 것을 약속하거나 보수를 요구하는 데 그친 경우 ⇨ 중개업(×)
> ④ 중개행위가 부동산컨설팅행위에 부수하여 이루어진 경우 ⇨ 중개업(○)

3. 공인중개사

> (1) 정의: 이 법에 의하여 공인중개사 자격을 취득한 자
> (2) 관련 사항
> ① 분사무소 책임자는 공인중개사이어야 한다. (○)
> ② 외국법에 따라 자격을 취득한 자는 공인중개사에 해당된다. (×)
> ③ 공인중개사란 이 법에 의하여 자격을 취득하고 중개업을 영위하는 자를 말한다. (×)

4. 개업공인중개사

(1) 정의: 이 법에 의하여 중개사무소의 개설등록을 한 자
(2) 관련 사항
  ① 이 법에 의하여 중개사무소 개설등록을 한 공인중개사를 말한다. (×)
  ② 공인중개사 자격을 가지고 중개를 업으로 하는 자를 말한다. (×)

5. 소속공인중개사

(1) 정의: 개업공인중개사에 소속된 공인중개사(법인의 사원·임원으로서 공인중개사인 자 포함)로서 중개업무를 수행하거나 개업공인중개사의 중개업무를 보조하는 자
(2) 종류: ① 고용인인 소속공인중개사
        ② 법인의 사원·임원인 소속공인중개사
(3) 관련 사항
  ① 고용신고를 하지 않아도 소속공인중개사의 지위가 인정된다.
  ② 실무교육·연수교육·예방교육대상, 부동산거래신고서 제출대행이 가능하다.
  ③ 소속공인중개사는 중개사무소 개설등록을 할 수 있다. (×)
  ④ 법인의 사원으로서 중개업무를 수행하는 공인중개사는 소속공인중개사가 아니다. (×)
  ⑤ 공인중개사로서 개업공인중개사의 중개업무를 보조하는 자도 소속공인중개사이다. (○)

6. 중개보조원

(1) 정의: 공인중개사가 아닌 자로서 개업공인중개사에 소속되어 중개대상물에 대한 현장안내 및 일반서무 등 개업공인중개사의 중개업무와 관련된 단순한 업무를 보조하는 자
(2) 관련 사항
  ① 직무교육·예방교육 대상, 부동산거래신고서 제출 대행은 불가하다.
  ② 중개보조원이란 중개업무를 수행하는 자를 말한다. (×)
  ③ 중개보조원은 중개대상물에 대한 확인·설명을 할 수 있다. (×)

테마 02 법정 중개대상물

1. 중개대상물 여부

중개대상물(○)	법정 중개대상물(×)
① 토지	① 금전, 자동차, 선박
② 건축물	② 항공기, 어업재단, 항만운송재단
③ 입목	③ 포락지, 미채굴의 광물
④ 광업재단	④ 무주의 토지
⑤ 공장재단	⑤ 공도, 국공유하천
	⑥ 토지로부터 분리된 수목
	⑦ 명인방법을 갖추지 않은 수목의 집단
	⑧ 행정재산, 보존용 재산

2. 토지 및 건축물 등

① 택지개발지구 내 이주자택지를 공급받을 수 있는 지위(대토권) ⇨ 중개대상물(×)
② 「민법」상 부동산에 해당하는 건축물만 중개대상물에 해당
③ 중개대상물인 '건물'에는 기존의 건축물뿐만 아니라 장래에 건축될 건물도 포함
④ 특정 동·호수에 대한 피분양자로 선정된 후에 특정 아파트 ⇨ 중개대상물(○)
⑤ 특정한 아파트에 입주할 수 있는 권리가 아니라 아파트에 대한 추첨기일에 신청을 하여 당첨이 되면 아파트의 분양예정자로 선정될 수 있는 지위 ⇨ 중개대상물(×)
⑥ 「도시 및 주거환경정비법」에 따른 관리처분계획의 인가로 인하여 취득한 입주자로 선정된 지위 ⇨ 중개대상물(○)
⑦ 세차장구조물 ⇨ 중개대상물(×)
⑧ 명인방법을 갖춘 수목의 집단의 집단 ⇨ 중개대상물(○) ⇨ 소유권(○), 저당권(×)

3. 「입목에 관한 법률」에 따른 입목

① 소유권보존등기를 받을 수 있는 수목의 집단은 입목등록원부에 등록된 것에 한정된다.
② 입목등기시 ⇨ 토지의 등기기록 중 <표제부○, 갑구×>에 입목등기기록을 표시
③ 입목을 저당권의 목적 ⇨ 보험가입
④ 입목을 목적으로 하는 저당권의 효력은 토지로부터 분리된 수목에도 미친다.

4. 「공장 및 광업재단 저당법」에 따른 공장재단

① 공장이 둘 이상 ⇨ 각 공장의 소유자가 다른 경우에도 공장재단을 설정할 수 있다.
② 10개월 이내에 저당권설정등기 하지 않으면 보존등기 효력 상실
③ 공장재단에 속한 부동산 ⇨ 해당 부동산등기부 관련구 사항란에 취지 기재

테마 03 공인중개사제도

1. 공인중개사 정책심의위원회

설치·구성	① 국토교통부에 설치(임의적) / 공인중개사협회(×) ② 위원장 1명을 포함하여 **7명** 이상 **11명** 이내의 위원으로 구성 ③ 위원장: 국토교통부 제1차관 / 위원: 국토교통부장관이 임명·위촉 　간사: 위원장이 소속공무원 중에서 지명
심의사항	① 공인중개사의 시험 등 공인중개사의 자격취득에 관한 사항 ② 부동산 중개업의 육성에 관한 사항 ③ 중개보수 변경에 관한 사항 ④ 손해배상책임의 보장 등에 관한 사항
의결사항	① **국토교통부장관**이 직접 문제를 출제, 시험을 시행할 것인지 여부 ② **기피신청**(심의위원회 위원에 대한)이 있는 경우 수용 여부 ③ **부득이**한 사정으로 해당 연도에 시험 시행하지 않을 것인지 여부 ④ 상대평가: 시험 수급상 선발예정인원을 미리 공고할 것인지 여부
운영 등	① 임기: **2년**(공무원 제외) ② 제척·기피·회피, 해촉(국토교통부장관) ③ 위원장 직무수행 불가 ⇨ 위원장이 미리 지명한 위원이 직무대행 ④ 개의: 재적위원 과반수 출석 / 의결: 출석위원 과반수 찬성 ⑤ 회의 개최 **7일** 전까지 일시, 장소 및 안건을 각 위원에게 통보

2. 공인중개사 시험제도

시험시행기관	① 원칙: 시·도지사 ② 예외: 국토교통부장관 ③ 위탁실시 ⇨ 협회, 공기업 등	
응시자격	**응시불가사유**	**등록의 결격사유**
	① 부정행위자: **5년** ② 자격취소: **3년**	미성년자, 피성년후견인, 피한정후견인 파산자, 전과자, 자격취소 3년 등
시험실시	① 시험공고 　㉠ 1차 공고(개략적 공고) ⇨ 매년 2월 말일까지 　㉡ 2차 공고(구체적 공고) ⇨ **90일** 전까지 ② 응시수수료 기준 　㉠ 시·도지사가 시행: 지방자치단체의 조례가 정하는 바 　㉡ 국토교통부장관이 시행: 국토교통부장관이 결정·공고 　㉢ 위탁시행: 위탁받은 자가 위탁한 자의 승인을 얻어 결정·공고 ④ 응시수수료 반환 　㉠ 전부: 과오납, 귀책사유, 접수기간 중 　㉡ **60%**: 접수마감일 다음날부터 7일 이내 　㉢ **50%**: 시험시행일 10일 전까지	
자격증 교부 등	① 자격증 교부: 시·도지사 ⇨ 합격자 결정·공고일부터 **1개월** 이내 ② 자격증 재교부신청: 자격증 교부 시·도지사에게	

3. 공인중개사 자격증의 양도·대여, 사칭금지

양도·대여 금지	(1) 공인중개사는 성명을 사용, 양도 또는 대여하여서는 아니 된다.(포상○)
	(2) 누구든지 양수·대여받아 이를 사용해서는 아니 된다.(포상○)
	(3) 누구든지 자격증 양도·대여를 알선하여서는 아니 된다.(포상×)
	(4) 위반시 제재 : 1년 / 1천
자격증 대여 관련 사항	(1) 유상·무상 불문하고 금지, 1회성 대여도 금지
	(2) 무자격자가 공인중개사의 업무를 수행하였는지 여부 ⇨ <형식적 기준× ② 실질적 기준○>으로 판단하여야 한다.
	(3) 공인중개사가 무자격자에게 중개사무소의 경영에 관여하게 하고 이익을 분배하였더라도 그 무자격자에게 부동산거래 중개행위를 하도록 한 것이 아니라면 자격증 대여행위에 해당하지 않는다.
공인중개사 사칭금지	(1) 공인중개사 아닌 자 ⇨ 사칭하여서 아니된다.
	(2) 무자격자의 중개업은 업무방해죄의 보호대상(×)
	(3) 위반시 제재 : 1년 / 1천

테마 04 개업공인중개사 등의 교육

구 분	실무교육	직무교육	연수교육	예방교육
실시권자	시·도지사	시·도지사 등록관청	시·도지사	국토부장관 시·도지사 등록관청
대상자	등록신청자 임원·사원 책임자, 소공	중개보조원	실무교육을 받은 개업공인중개사 소속공인중개사	중개업 종사자 모두
교육내용	법률지식 중개경영 직업윤리	직업윤리	법제도 변경 중개경영 직업윤리	사고예방
수료시기	전 1년 이내	전 1년 이내	매 2년마다	−
면 제	후 1년 이내	후 1년 이내	정당한 사유	−
교육시간	28 ~ 32	3 ~ 4	12 ~ 16	−
교육통지	−	−	2개월 전까지 통지	10일 전까지 공고, 통지
비용지원	−	−	−	○
제 재	−	−	500만 과태료	−

테마 05 중개사무소 개설등록

1. 중개사무소 개설등록요건

공인중개사	법 인
① 실무교육 수료 ② 사무소 확보 : 건축물대장 　(가설×)에 기재된 건물 ③ 결격사유 해당×	① 「상법」상 회사, 「협동조합 기본법」상 협동조합(사회적×) ② 설립목적 : 중개업 + 6가지 겸업 ③ 대표자 공인중개사, 대표자 제외~1/3 이상 공인중개사 ④ 임원·사원 전원이 실무교육 ⑤ 중개사무소 확보 ⑥ 임원·사원 전원이 결격사유 해당×

※ 소속공인중개사·변호사는 등록(×), 보증설정은 등록요건(×)

2. 등록신청시 제출서류

제출서류(○)	제출서류(×)
① 실무교육 수료증 사본(전자적 확인 가능시 제외) ② 여권용 사진 ③ 사무소 확보 증명서류 / 지연사유서 ④ 결격사유 미해당 증명서류(외국인) ⑤ 영업소 등기 증명서류(외국법인)	① 자격증 사본 ② 법인 등기사항증명서 ③ 건축물대장등본 ④ 결격사유 미해당 증명서류 ⑤ 보증설정 증명서류

3. 등록관청이 협회로 통보할 사항(다음 달 10일까지)

통보사항(○)	통보사항(×)
① **등록증** 교부사항 ② **등록**취소처분·업무정지처분 등 행정처분사항 ③ 분사무소 설치**신고**사항 ④ 중개사무소 이전**신고**사항 ⑤ 고용**신고**·고용관계 종료**신고**사항 ⑥ 휴업·폐업·재개·변경**신고**사항	① 자격취소처분(시·도지사) ② 자격정지처분(시·도지사) ③ 자격증 교부·재교부(시·도지사) ④ 등록증 재교부 ⑤ 과태료처분사항

4. 등록 관련 사항

> (1) 무등록중개업자의 보수약정 : 매매당사자와의 사이에 체결한 중개보수 지급약정은 강행
> 　규정에 위반되어 무효에 해당한다.
> (2) 무자격자의 1회성 중개시 보수약정 : 우연한 기회에 단 1회 타인 간의 거래행위를 중개한
> 　경우 그에 따른 중개보수 지급약정이 강행법규에 위배되어 무효라고 할 것은 아니다.

테마 06 | 공인중개사의 매수신청대리인 등록규칙

구 분	부동산중개업	매수신청대리업
등록 요건	① 자격취득/법인설립 ② 실무교육(법인은 임원·사원 전원) ③ 중개사무소 ④ 결격사유 해당×	① 공인중개사인 개공/법인인 개공 ② 실무교육(법인은 대표만) ③ 보증설정(설정금액은 좌동) ④ 결격사유 해당×
등록관청 처분기한	사무소 소재지관할 시·군·구청장 처분기한: 7일 이내	사무소 소재지관할 지방법원장 처분기한: 14일 이내
수수료	지방자치단체의 조례(시·군·구)	대법원예규(법인 3만, 공인중개사 2만)
실무교육	시·도지사(신청일 전 1년 이내)	법원행정처장이 지정한 교육기관(〃)
업무수행	① 업무지역: 전국 ② 소속공인중개사: 수행가능	① 업무지역: 전국 법원 ② 개업공인중개사 직접 출석(소공×)
행정처분 사전절차	① 등록취소 ⇨ 청문절차 ② 업무정지 ⇨ 의견제출 기회부여	① 등록취소 ⇨ 의견진술 기회부여 ② 업무정지 ⇨ 의견진술 기회부여
등록증 반납	▶ 등록취소시 ⇨ 7일 이내에 ① 해산 ⇨ 대표자이었던 자 ② 사망 ⇨ ×	▶ 등록취소시 ⇨ 7일 이내에 ① 해산 ⇨ 대표자·임원이었던 자 ② 사망 ⇨ 세대를 같이하는 자
행정처분 사후조치	① 등록취소 ⇨ 간판 철거 ② 업무정지 ⇨ 규정 없음 ③ 규정 없음	① 등록취소 ⇨ 표시 제거 ② 업무정지 ⇨ 출입문에 표시 ③ 행정처분관리대장 작성·보존(5년)
문서보관	확인·설명서: 3년 거래계약서: 5년	확인·설명서: 5년 사건카드: 5년 / 교부(×)
보수의 지급시기	약정이 없는 경우 거래대금 지급이 완료된 날	약정이 없는 경우 매각대금 지급기한일
영수증	규정 없음	작성·교부(○) / 보존(×)
공제사업	공제규정 ⇨ 국토교통부장관의 승인 책임준비금 적립비율 ⇨ 10% 이상 국토부장관 요청 ⇨ 금감원장이 조사 운용실적 공시 ⇨ 3개월 이내	공제규정 ⇨ 법원행정처장의 승인 좌동 법원행정처장이 요청 ⇨ 금감원장이 조사 좌동
업무정지	6개월 범위 내에서	1개월 ~ 2년
주의사항	① 중개사무소 개설등록을 하지 아니한 자는 매수신청대리인 등록을 할 수 없다. ② 매수신청대리업은 시설·벽면상태, 입지조건, 조세는 확인·설명사항에서 제외 ③ 중개업 폐업신고로 인하여 매수신청대리인 등록이 취소 ⇨ 결격사유 적용(×) ④ 불허가 항고, 명도소송, 인도명령, 대금납부는 매수신청대리권의 범위(×)	

테마 07 등록의 결격사유 등

제	제한능력자	① 미성년자 ⇨ 성년이 되어야 ② 피한정 후견인 ⇨ 종료심판을 받아야 ③ 피성년 후견인 ⇨ 종료심판을 받아야	※ 피특정후견인(×)
파	파산자	④ 복권결정을 받아야	※ 회생절차 중인 자(×)
수	수형자	⑤ 금고 이상 실형선고 받은 자 　• 만기석방 ⇨ +3년　　• 가석방 ⇨ 잔형기 +3년 　• 특별사면 ⇨ +3년　　• 일반사면 ⇨ 즉시 ⑥ 금고 이상 집행유예 받은 자 ⇨ 유예기간 +2년간 결격사유 해당 　※ 선고유예 ⇨ 결격사유(×) ⑦ 이 법을 위반하여 300만 이상 벌금형을 선고받은 자 　※ 과태료 ⇨ 결격사유(×)	
행	행정처분 받은 자	⑧ 자격취소된 자 ⇨ 3년 / 응시불가 ⇨ 3년 ⑨ 자격정지 받은 자 ⇨ 정지기간 중 ⑩ 등록취소된 자 ⇨ 3년 　※ 예외: 사망·해산, 결격사유, 등록기준 미달 ⑪ 업무정지 중 폐업신고한 자 ⑫ 업무정지 중 법인의 임원·사원 ⇨ 사유발생 당시(○), 처분 당시(×)	
법	법 인	⑬ 결격사유에 해당하는 사원·임원 있는 법인	

테마 08 중개사무소

1. 법인의 분사무소

설치요건	설치절차
① **주사무소의 시·군·구를 제외한** 시·군·구별로 설치할 것 ② 시·군·구별로 1개소를 초과하여 설치하지 아니할 것 ③ 공인중개사를 분사무소 **책임자**로 둘 것(특수법인 적용×) ④ 분사무소의 책임자가 **실무교육**을 수료할 것 ⑤ 보증(2억원 이상)을 **추가**로 설정할 것 ⑥ **건축물대장**에 기재된 건물에 **분사무소를 확보**할 것	① 요건구비 ② 설치신고 　⇨ 주사무소 등록관청 ③ 신고확인서 교부 ④ 통보 　⇨ 분사무소 시·군·구

2. 중개사무소의 이전

관할구역 안에서 이전	① 중개사무소의 이전 ② 중개사무소의 이전신고(10일 이내에) ㉠ 등록증, ㉡ 중개사무소의 확보를 증명하는 서류 ③ 등록증 재교부 / 등록증 재활용(○)
관할구역 밖으로 이전	① 중개사무소의 이전 ② 중개사무소의 이전신고(10일 이내, 이전 후의 등록관청에) ㉠ 등록증, ㉡ 중개사무소의 확보를 증명하는 서류 ③ 등록증 재교부 / 등록증 재활용(×) ④ 서류송부 : 등록대장, 등록신청서류, 최근 1년간 행정처분(中)서류 ⑤ 행정처분 : **이전신고 전에 발생한 사유**로 인한 개업공인중개사에 대한 행정처분은 **이전 후의 등록관청**이 행한다.
분사무소 이전	① 분사무소의 이전 ② 분사무소의 이전신고(10일 이내, 주사무소 등록관청에) ㉠ 신고확인서, ㉡ 분사무소의 확보를 증명하는 서류 ③ 신고확인서 재교부 / 신고확인서 재활용(관할 안에서 이전시) ④ 이전사실 통보 ⇨ 분사무소 이전 전 및 이전 후 시·군·구
위반시 제재	100만원 이하의 과태료사유

테마 09 　중개사무소 간판철거

간판 철거의무
(지체 없이)
	(1) 철거사유 : 이 폐 취
	   ① 중개사무소의 **이**전사실을 신고한 경우
	   ② **폐**업사실을 신고한 경우
	   ③ 등록**취**소처분을 받은 경우
	(2) 철거사유(×) : 휴업기간 중, 업무정지기간 중

불이행시 제재	「행정대집행법」에 따라 대집행(○), 과태료처분(×)

테마 10 중개사무소의 명칭 등, 중개대상물 광고 등

1. 중개사무소의 명칭 등

의무의 내용	위반시 제재
(1) 중개사무소 명칭에 법정문자 사용의무	100만원 이하 과태료
(2) 중개인의 법정문자 사용금지의무	100만원 이하 과태료
(3) 개업공인중개사 ×者의 법정문자 사용금지의무	1년↓징역／1천↓벌금
(4) 옥외광고물에 성명표기의무	100만원 이하 과태료

※ 상기 (1), (2), (3), (4)의 위반간판 ⇨ 철거명령대상／위반시 ⇨ 대집행

2. 중개대상물 광고시 명시의무

모든 매체에 공통적 명시사항	인터넷을 이용한 광고시 추가 명시사항
① 중개사무소의 **명칭** ② 중개사무소 소재지 ③ 중개사무소 **연락처** ④ 중개사무소 **등록번호** ⑤ 개업공인중개사의 **성**명 　(법인은 대표자의 **성**명) ※ 중개보조원은 명시(×) ※ 주민등록번호, 사업자등록번호(×)	① 중개대상물 소재지, **가격**, **면**적 ② 중개대상물의 **종류** ③ 거래형**태** ④ **건**축물 및 토지의 정착물 　㉠ **총** 층수 　㉡ **사**용승인·준공검사일 　㉢ **방**향, **방** 개수, **욕**실 개수 　**입**주가능일, **주**차대수·**관**리비
명 소 연 등 성	**솔까면 종태가 건총사 방방욕 입주관**

※ 위반시 제재：100**만원** 이하의 과태료

3. 부당한 표시·광고 금지

① 중개대상물이 존재하지 않아서 거래를 할 수 없는 중개대상물에 대한 표시·광고
② 중개대상물의 가격 등 내용을 사실과 다르게 거짓으로, 과장되게 하는 표시·광고
③ 중개대상물이 존재하지만 실제로 중개대상이 될 수 없는 중개대상물에 대한 표시·광고
④ 중개대상물이 존재하지만 실제로 중개할 의사가 없는 중개대상물의 표시·광고
⑤ 중개대상물 선택에 중요한 영향을 미칠 수 있는 사실을 **빠**뜨리거나 은폐·축소하는 등의
　방법으로 소비자를 속이는 표시·광고
※ 세부적인 유형 및 기준 등에 관한 사항은 국토교통부장관이 정하여 고시한다.

존 다 존 존 빠

※ 위반시 제재：500**만원** 이하의 과태료

4. 인터넷 표시·광고 모니터링

모니터링 업무 수탁기관 (공정비기)	① 공공기관 ② 정부출연연구기관 ③ 「민법」상 비영리법인으로서 모니터링 업무를 수행하는 법인 ④ 그 밖에 국토교통부장관이 인정하는 기관 또는 단체
모니터링 종류	① 기본 모니터링: 기본계획서에 따라 **분기별로 실시하는 모니터링** ⇨ **다음 연도의 기본계획서를 매년 12월 31일까지** 제출할 것 ② 수시 모니터링: **국토부장관이 필요하다고 판단하여 실시하는 모니터링**
결과보고서 제출	모니터링 기관은 다음의 기한까지 **국토교통부장관**에게 **제출**해야 한다. ① 기본 모니터링 업무: **매 분기의 마지막 날부터 30일 이내** ② 수시 모니터링 업무: **모니터링 업무를 완료한 날부터 15일 이내**
조사 및 조치 요구	국토교통부장관은 제출받은 **결과보고서**를 시·도지사 및 등록관청 등에 **통보**하고 필요한 **조사 및 조치**를 **요구**할 수 있다.
결과 통보	**시·도지사** 및 **등록관청**은 신속하게 조사 및 조치를 완료하고, 완료한 날부터 **10일 이내**에 그 결과를 **국토교통부장관**에게 **통보**해야 한다.

테마 11 개업공인중개사의 겸업

개인(법인×)인 개업공인중개사	(1) 원칙: 겸업 제한이 없으므로 다양한 사업을 영위할 수 있다. (2) 예외: 법률로 금지하는 경우 / 중개인: 경매·공매 알선·대리(×)

법인인 개업공인중개사
 	
위반시 ⇨
임의적
등록취소
	중개법인은 다음의 업무에 한하여 겸업할 수 있다.
	① 상가 및 주택의 임대관리 등 부동산 관리대행업
	   농업용 건축물의 관리대행×, 부동산임대업×
	② 부동산의 이용·개발·거래(투자)에 관한 상담업
	   개업공인중개사·일반인 대상(○), 부동산개발업·증권투자상담업(×)
	③ 중개업 경영기법(정보)제공업
	   개업공인중개사 대상(○), 중개업 이외의 업종 대상(×)
	④ 주택 및 상가의 분양대행업(규모의 제한×)
	   토지(주택용지) 분양대행업×, 분양업×
	⑤ 주거이전에 부수되는 용역의 알선업(이사업체·도배업체 소개)
	   직접 용역업×, 금융의 알선×
	⑥ 경매·공매 대상 부동산에 대한 권리분석·취득알선·대리업
	   ※ **공매** 대상 부동산에 대한 **알선** ⇨ 중개보수 제한규정 적용(○)

테마 12 개업공인중개사의 고용인

1. 고용인 일반

중개보조원 고용제한	(1) 개업공인중개사와 소속공인중개사를 합한 수의 5배 초과금지 (2) 위반시 제재: **필요적 등록취소 + 1년 / 1천**
고용신고 등	(1) 고용신고(전자신고○): **업무개시** 전까지 　고용신고를 받은 등록관청은 　① 시·도지사에게 공인중개사 자격확인 요청 　② **결격사유 해당 여부와 실무교육·직무교육 수료 여부 확인** (2) 고용관계 종료신고: 고용관계가 종료된 날부터 10일 이내 (3) 위반시 제재: 업무정지사유
중개보조원의 고지의무	(1) 중개보조원은 현장안내 등 중개업무를 보조하는 경우 중개의뢰인에게 본인이 중개보조원이라는 사실을 미리 알려야 한다. (2) 위반시 제재: 500만원 이하의 과태료(중개보조원, 개업공인: 예외)

2. 소속공인중개사와 중개보조원의 비교

구 분	소속공인중개사	중개보조원
고용인원제한	×	○
사전교육	실무교육	직무교육
연수교육	○	×
인장등록의무	○	×
중개업무 수행	○	×
서명 및 날인의무	○	×
품위유지 공정중개	○	×
부동산거래신고 제출대행	○	×

※ 양자의 공통점: **예**방교육, **금**지행위, **이**중소속, **비**밀준수, **결**격사유(예 금 이 비 결)

3. 고용인의 업무상 행위로 인한 책임

민사책임	① 고용인의 **업무상 행위**는 그를 고용한 개업공인중개사의 행위로 **본다.** ② 고용인이 고의 또는 과실로 중개의뢰인에게 손해를 가한 경우 개업공인중개사는 중개의뢰인에게 발생한 손해를 배상하여야 한다.
형사책임	① **고용인이** 중개업무에 관하여 **행정형벌**에 해당하는 위반행위를 한 때에는 **개업공인중개사**에 대하여도 규정된 **벌금형**을 과한다. ② 개업공인중개사가 고용인의 위반행위를 방지하기 위하여 **상당한 주의와 감독을 게을리하지 아니한 경우**에는 **벌금형을 면한다.** ③ 개업공인중개사가 **양벌규정의 적용**으로 벌금형을 선고받아도 결격사유에 해당되지는 않으며, 따라서 등록이 취소되지도 않는다.
행정책임	고용인의 행위가 위법행위를 구성하여 행정처분사유에 해당하면 그를 고용한 개업공인중개사는 **등록취소**되거나 **업무정지처분**을 받을 수 있다.

테마 13 　인장의 등록 및 사용의무

1. 인장등록 일반

인장등록 의무자	① 개업공인중개사: 위반시 ⇨ 업무정지사유 ② 소속공인중개사: 위반시 ⇨ 자격정지사유 ③ 중개보조원(×)
등록할 인장	① 개인인 개업공인중개사 및 소속공인중개사: 성명이 나타난 인장으로서 그 크기가 가로·세로 각각 7mm 이상 30mm 이내의 인장 ※ 인감도장(「인감증명법」에 따라 신고한 인장)일 필요(×) ② 법인인 개업공인중개사(주사무소): 「상업등기규칙」에 의해 신고한 법인의 인장(법인 인감도장) ③ 법인의 분사무소: 「상업등기규칙」에 따라 법인의 대표자가 보증하는 인장을 등록할 수 있다.
인장 등록관청	① 개인인 개업공인중개사 및 소속공인중개사: 등록관청 ② 법인의 주된 사무소: 등록관청 ③ 법인의 분사무소: 주사무소 소재지 관할 등록관청
인장 등록시기	① 최초: **업무개시 전까지** ② 개업공인중개사: **등록신청시**에 인장등록을 함께 할 수 있다. ③ 소속공인중개사: **고용신고시**에 인장등록을 함께 할 수 있다. ④ 인장변경시: 변경일로부터 **7일 이내**에 변경등록하여야 한다.
인장 등록방법 (전자문서○)	① 법인이 아닌 자: 인장등록신고서에 인장을 날인하여 제출하면 된다. ② 개업공인중개사: **등록신청서에 인장을 날인하여 제출할 수 있다.** ③ 소속공인중개사: **고용신고서에 인장을 날인하여 제출할 수 있다.** ④ 법인인 개업공인중개사: 인감증명서의 제출로 갈음한다.

2. 각종 문서의 서명·날인

각종 문서	서명·날인	개업공인중개사	소속공인중개사	거래당사자
일반중개계약서	서명 또는 날인	○	×	○
전속중개계약서	서명 또는 날인	○	×	○
확인·설명서	서명 및 날인	○	○	서명 또는 날인
거래계약서	서명 및 날인	○	○	
부동산거래신고서 등	서명 또는 날인	○(중개거래시)	×	○(직접거래시)

테마 14 ╲ 휴업 및 폐업

휴 업	(1) 휴업신고(전자신고×) + 등록증(분사무소 : 신고확인서) 첨부○ (2) 신고대상 휴업 : 3개월 초과 휴업(등록 후 업무개시× 경우 포함) (3) 휴업기간 - 6개월 초과× 　　　 - 예외 : 요양, 입영, 취학, 임신 또는 출산 등 부득이한 사유 (4) 휴업기간 중 의무이행 여부 　① 중개사무소 유지○, 이중소속×, 폐업○, 재등록○ 　② 중개사무소 이전○, 간판철거×, 출입문에 사실표시×
폐 업	(1) 폐업신고(전자신고×) + 등록증(분사무소 : 신고확인서) 첨부○ (2) 폐업관련 주의사항 　① 폐업신고 후 재등록 ⇨ 폐업신고 전 개업공인중개사의 지위 승계 　② 간판철거○
재 개	(1) 재개신고(전자신고○) (2) 등록관청은 등록증(분사무소 : 신고확인서)을 즉시 반환
변 경	(1) 휴업기간변경신고(전자신고○) + 등록증(분사무소 : 신고확인서) 첨부× (2) 부득이한 사유가 없는 경우 ⇨ 6개월 이내에서 변경 가능
일괄신고	(1) 등록관청에 일괄신고 (2) 세무서장에 일괄신고 : 「공인중개사법」상 휴업・폐업등신고서 제출 간주
기 타	4가지(휴업・폐업・재개・변경) 모두 ① 사전신고, ② 동일서식, ③ 분사무소는 별도로, ④ 협회 통보
위반시 제재	(1) 휴업・폐업・재개・변경 신고의무 위반 : 100만원 이하의 과태료 (2) 신고하지 않고 6개월 초과 휴업 : 임의적 등록취소사유

테마 15 중개계약

1. 일반중개계약

일반중개계약서 작성요청	(1) 중개의뢰인은 중개의뢰내용을 명확하게 하기 위하여 필요한 경우 개업 공인중개사에게 일반중개계약서의 작성을 요청할 수 있다. (2) 임의규정, 작성의무×
일반중개계약서 서식	(1) 국토교통부장관은 표준서식을 정하여 사용을 권장할 수 있다. (2) 표준서식○(시행규칙), 사용의무×
일반중개계약서 기재사항 (물 가 수 준)	① 중개대상물의 위치 및 규모 ② 거래예정**가격** ③ 거래예정가격에 대한 법정 중개보**수** ④ 그 밖에 개업공인중개사와 중개의뢰인이 **준수**할 사항

2. 전속중개계약

의의 및 성격	(1) 의의: 중개의뢰인이 특정한 개업공인중개사를 정하여 그 개업공인중개 사에 한정하여 해당 중개대상물을 중개하도록 하는 중개계약 (2) 체결은 임의적
유효기간	3개**월**로 한다. 다만, 약정이 있으면 그에 따른다.
개업공인중개사의 의무	(1) 전속중개계약서(국토교통부령) 사용의무·보존의무: 3**년** (2) 정보공개의무(비공개 요청시 ⇨ 공개금지) 　① 공개기한: 전속중개계약 체결 후 7**일** 이내 　② 공개매체: 부동산거래정보망(지정), 일간신문 중 양자 택일 　③ 공개사실 통지: 지체 없이 중개의뢰인에게 문서로 통지 (3) 공개할 사항에서 제외되는 것(그 남자 이름은 ⇨ 권세수지) 　① 각 **권**리자의 인적사항 　② 조**세**(취득관련) 　③ 중개보**수** 및 실비 　④ 공시**지**가(임대차의 경우)
중개의뢰인의 의무	(1) 위약금 지불의무(지불하기로 한 중개보수 전액) 　① 유효기간 내에 **다른 개업공인중개사**에게 중개의뢰하여 거래한 경우 　② 유효기간 내에 개업공인중개사의 소개에 의하여 알게 된 상대방과 　　**개업공인중개사를 배제**하고 거래당사자 간에 직접 거래한 경우 (2) 소요비용 지불의무(중개보수의 50% 범위 내에서) 　유효기간 내에 중개의뢰인이 **스스로 발견한 상대방**과 거래한 경우
위반시 제재	(1) 임의적 등록취소: 정보 미공개, 비공개 요청에도 공개 (2) 업무정지: 미사용, 미작성, 미보존

3. 일반중개계약서과 전속중개계약서의 비교

서식 내용(앞면) ([ ] 매도 [ ] 매수 [ ] 임대 [ ] 임차 [ ] 그 밖의 계약)		일 반	전 속
개업공인중개사 의무	업무처리상황 통지의무(2주일에 1회 이상)	×	○
	정보의 공개(7일 이내) 및 공개사실 통지의무	×	○
	확인·설명의무를 성실하게 이행하여야 한다.	×	○
중개의뢰인의 의무	위약금(보수 전액) 및 소요비용(50%↓) 지불의무	×	○
	개업공인중개사의 확인·설명의무이행에 협조할 의무	○	○
유효기간	원칙: 3개월 / 예외: 별도의 약정	○	○
중개보수	거래가액의 ( )%, ( )원을 지급한다.	○	○
손해배상책임	1. 중개보수 또는 실비의 과다수령: 차액 환급 2. 확인·설명 소홀로 재산상 피해 발생: 손해액 배상	○	○
그 밖의 사항	이 계약에 정하지 않은 사항: 별도로 정할 수 있다.	○	○
서명 또는 날인	중개의뢰인과 개업공인중개사가 각각 ~	○	○

서식 내용(뒷면: 접수처리)			일 반	전 속
권리이전용 (매도·임대)	소유자 및 등기명의인		○	○
	중개대상물의 표시	건축물(소·건·면·구·용)	○	○
		토지(소·지·면·지·현)		
		은행융자·권리금·제세공과금 등 (또는 월임대료·보증금·관리비 등)		
	권리관계		○	○
	거래규제 및 공법상 제한사항		○	○
	중개의뢰금액		○	○
	그 밖의 사항		○	○
권리취득용 (매수·임차)	희망물건의 종류		○	○
	취득 희망가격		○	○
	희망지역		○	○
	그 밖의 희망조건		○	○
※ 첨부서류: 중개보수 요율표(해당 내용을 요약 수록·별지 첨부)			○	○
※ 유의사항: 중개보수 과다수령 등 위법행위시 관할 부서에 신고 가능			○	○

테마 16 부동산거래정보망

1. 정보망 일반

의 의	개업공인중개사 상호 간에 중개대상물의 정보를 교환하는 체계
지정요건	지정받을 수 있는 자: 「전기통신사업법」상 부가통신사업자, 중개법인(×) ① 개업공인중개사의 수가 500명 이상이고, 2개 이상의 시·도에서 각각 30인 이상의 개업공인중개사가 가입·이용신청을 할 것 ② 공인중개사 1인 이상을 확보할 것 ③ 정보처리기사 1인 이상을 확보할 것 ④ 국토교통부장관이 정하는 용량·성능을 갖춘 컴퓨터 설비를 확보
지정신청	지정신청서에 다음의 서류를 첨부하여 국토교통부장관에게 제출 담당공무원은 법인등기사항증명서(법인인 경우)를 확인 ① 가입·이용신청서 및 등록증 사본(500부 이상) ② 정보처리기사 자격증 사본(1부 이상) ③ 공인중개사 자격증 사본(1부 이상) ④ 주된 컴퓨터 용량 및 성능 등을 알 수 있는 서류 ⑤ 부가통신사업신고서를 제출하였음을 확인할 수 있는 서류
지정처분	국토교통부장관은 30일 이내에 지정서 교부
운영규정 승인	지정받은 날부터 3개월 이내에 제정하여 국토교통부장관의 승인
설치·운영	지정받은 날부터 1년 이내에 부동산거래정보망을 설치·운영

2. 정보망 운영 및 이용 관련의무

거래정보사업자의 운영 관련의무	(1) 의무의 내용 　① 개업공인중개사로부터 의뢰받은 정보에 한정하여 공개하여야 하며 　② 의뢰받은 내용과 다르게 정보를 공개하거나 　③ 어떠한 방법으로든지 개업공인중개사에 따라 정보가 차별적으로 공개되도록 하여서는 아니된다. (2) 위반시 제재: 지정취소 + 1년/1천
개업공인중개사의 이용 관련의무	(1) 의무의 내용 　① 중개대상물에 관한 정보를 거짓으로 공개하여서는 아니되며 　② 거래가 완성시 지체 없이 거래정보사업자에게 통보하여야 한다. (2) 위반시 제재: 업무정지사유

| 테마 17 | 중개대상물 확인·설명의무 |

1. 확인·설명의무와 확인·설명서 작성·교부의무의 비교

구 분	확인·설명의 의무	확인·설명서 작성·교부의 의무
의무이행 시기	중개완성 전	중개완성시
의무이행 상대방	권리취득 중개의뢰인	거래당사자(쌍방)
의무이행 방법	성실·정확하게 설명 근거자료 제시하여	법정서식으로 작성 서명·날인, 교부·보존(3년)
의무이행 주체	개업공인중개사의 의무 소속공인중개사도 가능	개업공인중개사의 의무 소속공인중개사는 가능

2. 확인·설명사항

각종 사항		세부적 내용
기본적인 사항		중개대상물 종류·소재지·지번·지목·면적·용도·구조·건축연도
상 태	내·외부 시설상태	수도·전기·가스·소방·열공급·승강기설비 및 배수 등
	벽면상태	벽면·바닥면 및 도배의 상태
	환경조건	일조·소음·진동 등
입지조건		도로 및 대중교통수단과의 연계성, 시장·학교와의 근접성 등
권리관계		소유권·전세권·저당권·지상권 및 임차권 등
공법상 제한		토지이용계획, 공법상 거래규제 및 이용제한에 관한 사항
조세(취득관련)		권리를 취득함에 따라 부담하여야 할 조세의 종류 및 세율
거래예정금액		거래예정금액
중개보수·실비		중개보수 및 실비의 금액과 그 산출내역

3. 주택 임대차 중개시의 설명의무

① 개업공인중개사는 주택의 임대차계약을 체결하려는 중개의뢰인에게 다음 사항을 설명하여야 한다(법 제25조의3).

㉠ 「주택임대차보호법」에 따라 확정일자 부여기관에 정보제공을 요청할 수 있다는 사항

㉡ 「국세징수법」 및 「지방세징수법」에 따라 임대인이 납부하지 아니한 국세 및 지방세의 열람을 신청할 수 있다는 사항

② 주택 임대차 중개시 추가 설명사항(영 제25조 제1항)

구 분	세부적 사항
관리비	관리비 금액과 그 산출내역
임대인의 정보제시의무	임대차계약을 체결할 때 임대인은 다음 사항을 임차인에게 제시하여야 한다. ㉠ 해당 주택의 확정일자 부여일, 차임 및 보증금 등 정보. 다만, 임대인이 임대차계약을 체결하기 전에 동의함으로써 이를 갈음할 수 있다. ㉡ 「국세징수법」에 따른 납세증명서 및 「지방세징수법」에 따른 납세증명서. 다만, 임대인이 임대차계약을 체결하기 전에 미납국세와 체납액의 열람 및 미납지방세의 열람에 각각 동의함으로써 이를 갈음할 수 있다.
최우선변제	소액보증금 중 일정액의 보호에 관한 사항
임대보증금에 대한 보증	「민간임대주택에 관한 특별법」에 따른 임대보증금에 대한 보증에 관한 사항(중개대상물인 주택이 같은 법에 따른 민간임대주택인 경우만 해당한다)

4. 관련 판례

(1) 개업공인중개사의 확인·설명의무와 손해배상의무는 중개의뢰인이 개업공인중개사에게 소정의 보수를 지급하지 아니하였다 해서 당연히 소멸하는 것이 아니다.

(2) 개업공인중개사는 중개대상물건에 근저당이 설정된 경우 그 **채권최고액**을 조사·확인하여 의뢰인에게 설명하면 족하고, 실채무액까지 조사·확인하여 설명할 의무까지 있다고 할 수는 없다. 다만, 그릇된 정보를 제대로 확인하지도 않은 채 그것이 진실인 것처럼 의뢰인에게 그대로 전달한 경우 선관주의의무에 위반된다.

5. 위반시 제재

개업공인중개사	의무위반의 행태		소속공인중개사
500만원 이하의 과태료	① 성실·정확하게 설명×		자격정지사유
	② 근거자료 제시×		
업무정지사유	③ 서명×	④ 날인×	자격정지사유
	⑤ 교부×	⑥ 보존×	—

테마 18 | 거래계약서 작성 등의 의무

1. 의무 일반

(1) 의 의	**개업공인중개사**는 중개가 완성된 때 **거래계약서**를 **작성**하여 거래당사자에게 **교부**하고 **5년간** 원본, 사본 또는 전자문서를 **보존**하여야 한다. 다만, 공인전자문서센터에 보관된 경우에는 그러하지 아니하다.
(2) 거래계약서 서식	① 거래계약서 서식(×). 다만, 필요적 기재사항은 반드시 기재 ② **국토교통부장관**은 거래계약서에 관하여 **표준서식**을 정하여 이의 **사용을 권장할 수 있다**. 단, 표준서식이 정해진 바는 없다.
(3) 거짓기재 이중계약서	개업공인중개사 · 소속공인중개사는 거래금액 등 거래내용을 거짓으로 기재하거나 서로 다른 둘 이상의 거래계약서를 작성하여서는 아니 된다.
(4) 서명 및 날인	① **거래계약서**에는 **개업공인중개사**(법인은 **대표자**, 분사무소는 **책임자**)가 **서명** 및 **날인**하여야 한다. ② 거래계약서에는 해당 중개행위를 한 소속공인중개사가 있는 경우 그 **소속공인중개사**도 개업공인중개사와 함께 **서명** 및 **날인**하여야 한다.

2. 거래계약서의 필요적 기재사항

필수적 기재사항(○)	필수적 기재사항(×)
① 거래**당**사자의 인적사항 ② **물**건의 표시 ③ 계**약일** ④ **거**래금액 · 계약금액 · 지급일자 등 지급에 관한 사항 ⑤ 물건의 **인도**일시 ⑥ **권**리이전의 내용 ⑦ 계약의 **조**건 · 기한이 있는 경우에는 그 조건 · 기한 ⑧ 중개대상물 **확**인 · 설명서 교부일자 ⑨ 그 밖의 약정내용	① **공**법상 제한 ② **조세**(취득관련) ③ **거**래예정금액 ④ 중개보수 및 실비

3. 위반시 제재

개업공인중개사	의무위반의 행태		소속공인중개사
임의적 등록취소사유	① 거짓기재 ② 이중계약서		자격정지사유
업무정지사유	③ 서명×	④ 날인×	자격정지사유
	⑤ 교부×	⑥ 보존×	─

■ 공인중개사법령상 각종 서식

구 분	국장 권장	법정 서식	작성 의무	개공 서명·날인	소공 서명·날인	보존 의무	센터 면제
일반중개계약서	○	○	×	서명 **또는** 날인	×	×	
전속중개계약서		○	○	서명 **또는** 날인	×	3년	
확인·설명서		○	○	서명 **및** 날인	○	3년	○
거래계약서	○	×	○	서명 **및** 날인	○	5년	○

※ 센터면제 ⇨ 공인전자문서센터에 보관된 경우 서명·날인·교부·보존의무 면제됨.

테마 19 손해배상책임의 성립요건

1. 개업공인중개사의 귀책사유

(1) **개업공인중개사의 업무상 고의·과실**(과실책임)

① 개업공인중개사는 중개행위를 함에 있어서 고의 또는 과실로 인하여 거래당사자에게 재산상의 손해를 발생하게 한 때에는 그 손해를 배상할 책임이 있다.

② '**무상 중개행위**'에 대하여도 손해배상책임이 인정된다.

③ '**개업공인중개사 등이 아닌 제3자**'의 중개행위로 거래당사자에게 재산상 손해가 발생한 경우 ⇨「민법」에 따른 손해배상책임을 진다.

④ 부동산 매매계약을 중개하고 계약금과 중도금 지급에 관여한 **개업공인중개사**가 잔금 중 일부를 횡령한 경우 ⇨「공인중개사법」에 따른 손해배상책임이 있다.

⑤ '**중개행위**'에 해당되는지 여부는 **주관적 의사**에 의해 결정할 것이 아니라, 개업공인중개사의 중개행위를 **객관적**으로 보아 결정되어야 할 것이다(판례).

(2) **중개사무소를 다른 사람의 중개행위의 장소로 제공**(무과실책임)

개업공인중개사는 자기의 **중개사무소**를 다른 사람의 **중개행위의 장소로 제공**함으로써 거래당사자에게 **재산상의 손해**를 발생하게 한 때에는 그 손해를 배상할 **책임**이 있다.

(3) **고용인의 업무상 고의·과실**(무과실책임)

2. 재산상 손해발생

3. 소멸시효

중개의뢰인의 손해배상청구권은 손해 및 가해자를 안 날로부터 3**년**, 불법행위를 한 날로부터 10**년**간 청구권을 행사하지 않으면 시효로 소멸한다.

테마 20 업무보증의 설정

1. 보증 설정시기 및 설정금액

구 분	설정시기	설정금액
법인인 개업공인중개사	업무를 시작하기 전에	4억원 이상
법인의 분사무소	설치신고 전에	2억원 이상
법인이 아닌 개업공인중개사	업무를 시작하기 전에	2억원 이상
특수법인(다른 법률에 따라~)	중개업무를 개시하기 전에	2천만원 이상

2. 보증설정

(1) 설정방법	① 보증보험·공제·공탁 중 하나를 선택하여 설정 ② 공탁금은 폐업·사망한 날부터 3년간 회수할 수 없다.
(2) 설정신고	① 보증설정 후 증빙서(전자문서 포함)를 갖추어 등록관청에 신고 ② 보증기관이 보증사실을 등록관청에 직접 통보한 경우 ⇨ 신고 생략
(3) 변경 및 재설정	① 변경설정: 이미 설정한 보증의 효력이 있는 기간 중에 ② 재설정: 해당 보증기간 만료일까지 다시 설정
(4) 설명·교부	개업공인중개사는 중개가 완성되면 거래당사자에게 손해배상책임의 보장에 관한 설명하고 관계증서의 사본을 교부하거나 관계증서에 관한 전자문서를 제공하여야 한다.
(5) 재가입·보전	보증보험금·공제금·공탁금으로 손해배상을 한 때에는 15일 이내에 보증보험·공제에 다시 가입하거나 공탁금 중 부족금액을 보전하여야 한다.
(6) 위반시 제재	① 보증 미설정: 임의적 등록취소사유 ② 미설명·미교부: 100만원 이하의 과태료사유

테마 21 계약금 등의 반환채무이행의 보장제도

1. 계약금 등의 예치권고

개업공인중개사는 거래의 안전을 보장하기 위하여 필요하다고 인정하는 경우 거래계약의 **이행이 완료될 때까지** 계약금·중도금 또는 잔금(계약금 등)을 개업공인중개사 등의 명의로 금융기관 등에 **예치**하도록 거래당사자에게 **권고할 수 있다.**

2. 예치명의자·예치기관 등

예치명의자		예치기관	보증서 발행기관
① 개업공인중개사 ② 공제사업자 ③ 은행	④ 신탁업자 ⑤ 체신관서 ⑥ 보험회사 ⑦ 전문회사	① 금융기관 ② 공제사업자 ③ 신탁업자 등	① 금융기관 ② 보증보험회사

3. 개업공인중개사 명의로 예치되는 경우의 특칙

(1) 분리관리 인출제한	① 자기 소유의 예치금과 **분리하여 관리**될 수 있도록 하여야 한다. ② 계약금 등은 거래당사자의 **동의 없이 인출하여서는 아니 된다.**
(2) 지급보장	① 예치대상이 되는 계약금 등에 해당하는 금액을 보장하는 보증보험 또는 공제에 가입하거나 공탁을 하여야 한다. ② 거래당사자에게 관계증서 사본을 교부하거나 전자문서를 제공해야 한다.
(3) 위반시 제재	업무정지사유
(4) 실비청구권	**권리취득**(이전×) **중개의뢰인**으로부터 계약금 등의 반환채무이행 보장에 소요되는 **실비를 받을 수 있다.**

테마 22 개업공인중개사 등의 금지행위

1. 금지행위 일반(법 제33조)

구 분		내 용	행정처분		벌 칙	교란행위	포 상
			개 공	소 공			
개업공인중개사 등의 금지행위 (제33조 제1항)	매	1. 중개대상물 **매매업**	임의 등록 취소 사유	자격 정지 사유	1년 1천	○	
	무	2. **무등록업자**와 협조				○	
	수	3. **초과금품수수**				○	
	거	4. **거짓**된 언행				○	
	증	5. **증서**의 중개 · 매매업			3년 3천	○	
	직	6. **직접거래** · 쌍방대리				○	
	투	7. **투기조장행위**				○	
	시	8. **시세조작**				○	○
	체	9. **단체구성**(독과점)				○	○
개업공인에 대한 금지행위 (제33조 제2항)	업 무 **방** 해	1. **특정 개공** 등에 대한 **중개의뢰 제한**			3년 3천	○	○
		2. **특정 개공** 등에게만 중개의뢰				○	○
		3. **특정 가격 이하**로 중개의뢰하지 않도록				○	○
		4. **정당한 표시 · 광고행위**를 방해하는 행위				○	○
		5. **부당한 표시 · 광고**하도록 **강요하는 행위**				○	○

2. 개업공인중개사 등의 금지행위(9가지)

(1) **법정 중개대상물의 매매를 업으로 하는 행위**

　① 법정 중개대상물(5가지)에 한하여 적용

　② 중개대상물에 대한 **임대업**이나 **분양대행업** ⇨ 금지행위(×)

　③ '중개의뢰인이 아닌 자'와 1회성 매매 ⇨ 금지행위(×)

　④ '중개의뢰인'과 1회성 매매 ⇨ 직접거래로서 금지행위(○)

(2) **무등록중개업자와 협조행위**

　① 무등록업자임을 **모르고** 소개받은 경우 ⇨ 금지행위(×)

　② 무등록업자를 통해 중개를 의뢰받는 것으로 족하고, 거래성사 여부는 불문

(3) **초과금품 수수행위**

　① 효력규정: 한도를 초과하는 중개보수 약정 ⇨ 초과부분 무효 ⇨ 부당이득반환

　② 법정 중개보수 외에 별도의 실비를 받는 행위 ⇨ 금지행위(×)

　③ **순가중개계약** 자체가 금지행위는 아니며, 후일 초과수수해야 금지행위에 해당

④ 보수 등의 명목으로 한도를 초과하는 액면금액의 당좌수표를 교부받고 후일 그 당좌수표가 부도처리되어 중개의뢰인에게 그대로 반환 ⇨ 금지행위에 해당(○)

⑤ 개업공인중개사가 토지와 건물의 임차권 및 권리금·시설비의 교환계약을 중개하고 그 사례 명목으로 **포괄적으로 금원**을 지급받은 경우 ⇨ 금지행위에 해당(×)

(4) 거짓된 언행

(5) 증서의 중개·매매업

① 아파트의 특정 동·호수에 대한 피분양자로 선정되거나 분양계약이 체결된 후에 특정된 아파트 ⇨ 증서(×)

② 「도시 및 주거환경정비법」상 관리처분계획의 인가에 의한 **입주권**, 「빈집 및 소규모주택 정비에 관한 특례법」상 사업시행계획의 인가에 의한 **입주권** ⇨ 증서(×)

③ 상가의 전부를 매도할 때 사용하려고 매각조건 등을 기재하여 인쇄해 놓은 양식에 매매대금과 지급기일 등 해당 사항을 기재한 **분양계약서** ⇨ 증서(×)

(6) 중개의뢰인과 직접거래, 거래당사자 쌍방대리

① 직접거래 금지규정은 단속규정: 직접거래계약은 유효

② '중개의뢰인'에는 중개대상물의 **소유자**뿐만 아니라 대리권을 수여 받은 **대리인**이나 거래에 관한 사무처리를 위탁받은 **수임인**도 포함(판례)

③ 중개의뢰를 받은 개업공인중개사가 다른 개업공인중개사와 공동으로 거래계약을 체결한 경우 ⇨ 직접거래(○)

④ 개업공인중개사가 다른 개업공인중개사의 중개로 부동산을 매수하여 또 다른 개업공인중개사의 중개로 매도한 경우에는 직접거래에 해당하지 않음(판례)

⑤ 개업공인중개사의 배우자를 임차인으로 하여 중개한 경우 직접거래에 해당한다(판례).

⑥ 일방대리 ⇨ 금지행위(×)

(7) 투기조장행위

① '미등기전매부동산'과 '권리변동제한부동산'의 중개행위가 금지행위에 해당

② 권리변동제한부동산 ⇨ 투기과열지구 내 전매금지 분양권

③ 토지거래허가구역 내 토지 ⇨ 권리변동제한부동산(×)

④ 전매차익이 발생하지 않아도 ⇨ 금지행위(○)

(8) 시세조작행위

개업공인중개사 등은 부당한 이익을 얻거나 제3자에게 부당한 이익을 얻게 할 목적으로 거짓으로 거래가 완료된 것처럼 꾸미는 등 중개대상물의 **시세에 부당한 영향을 주거나 줄 우려가 있는 행위**를 하여서는 아니 된다.

(9) 독과점행위(단체를 구성하여)

개업공인중개사 등은 **단체를 구성하여** 특정 중개대상물에 대하여 중개를 **제한**하거나 단체구성원 이외의 자와 공동중개를 **제한**하는 행위를 하여서는 아니 된다.

테마 23 부동산거래질서 교란행위 신고센터의 설치·운영

1. 신고센터의 설치·운영

> (1) 국토교통부장관은 부동산 시장의 건전한 거래질서를 조성하기 위하여 부동산거래질서 교란행위 신고센터를 설치·운영할 수 있다.
>
> (2) 누구든지 부동산중개업 및 부동산 시장의 건전한 거래질서를 해치는 부동산거래질서교란행위를 발견하는 경우 그 사실을 신고센터에 신고할 수 있다.

2. 부동산거래질서 교란행위

내 용	포 상	내 용	포 상
(1) 자격증·등록증 양도·대여행위	○	(11) 명칭사용, 사용금지, 간판실명제	
(2) 자격증·등록증 양수·대여받는	○	(12) 확인·설명 : 성실정확, 근거자료	
(3) 양도·대여 알선행위		(13) 주택임대차 중개시 설명의무	
(4) 부정등록행위	○	(14) 거래계약서 : 거짓기재·이중계약서	
(5) 무등록중개행위	○	(15) 비밀누설	
(6) 이중등록·이중소속		(16) 금지행위(9가지 + 5가지)	△
(7) 이중사무소·임시중개시설물		(17) 부동산거래신고 위반, 해제등신고위반	
(8) 법인의 겸업제한 위반		(18) 부동산거래신고제 관련 금지행위	
(9) 중개보조원 고용제한·고지의무		⇨ 요구, 아닌 자 거짓신고	
(10) 등록증 등 게시의무		조장·방조, 위장거래(해제)신고	

3. 부동산거래질서 교란행위가 아닌 것

> (1) 중개대상물에 대한 표시·광고시 명시의무 위반(명 소 연 등 성)
> (2) 인터넷을 이용한 광고시 추가 명시의무 위반(솔까면 종태가 건총사 방방욕 입주관)
> (3) 부당한 표시·광고 금지의무 위반(존 다 존 존 빠)
> (4) 개업공인중개사 아닌 자가 중개대상물에 대한 표시·광고를 하는 행위
> (5) 인장 등록의무 및 등록인장 사용의무 위반
> (6) 휴업·폐업신고의무 위반 등

4. 신고절차

(1) 교란행위 신고	부동산거래질서 교란행위 신고센터에 부동산거래질서 교란행위를 신고하려는 자는 서면(전자문서를 포함)으로 제출해야 한다.
(2) 보완 요청	신고센터는 신고받은 사항에 대해 보완이 필요한 경우 기간을 정하여 신고인에게 **보완을 요청**할 수 있다.
(3) 조사 · 조치 요구	신고센터는 제출받은 신고사항에 대해 시 · 도지사 및 **등록관청** 등에 조사 및 조치를 요구해야 한다. 다만, 다음에 해당하는 경우에는 **국토교통부장관의 승인**을 받아 접수된 신고사항의 **처리를 종결**할 수 있다. ① 신고내용이 **명백히 거짓**인 경우 ② 신고인이 **보완 요청**에 따른 **보완**을 하지 않은 경우 ③ 정당한 사유 없이 **재신고** ⇨ 새로운 사실이나 증거자료가 없는 경우 ④ 이미 **수사 중**, 재판 중, 판결에 의해 확정된 경우
(4) 신고센터에 처리결과 통보	**시 · 도지사 및 등록관청** 등은 신속하게 조사 및 조치를 완료하고, 완료한 날부터 **10일 이내**에 그 결과를 **신고센터에 통보**해야 한다.
(5) 신고인에게 처리결과 통보	신고센터는 시 · 도지사 및 등록관청 등으로부터 처리결과를 통보받은 경우 **신고인에게** 신고사항 **처리결과를 통보**해야 한다.
(6) 국토교통부 장관에 제출	신고센터는 **매월 10일까지** 직전 달의 신고사항 접수 및 처리결과 등을 **국토교통부장관에게 제출**해야 한다.
(7) 업무의 위탁	① 국토교통부장관은 신고센터의 업무를 **한국부동산원**에 위탁한다. ② **한국부동산원**은 신고센터의 업무처리방법, 절차 등에 관한 **운영규정**을 정하여 **국토교통부장관**의 **승인**을 받아야 한다.

테마 24 중개보수 및 실비

---

1. 중개보수청구권

(1) 청구권의 발생	중개계약 체결시에 발생, 유상임을 명시하지 않아도 발생
(2) 청구권의 소멸	① 청구권의 소멸 : **개업공인중개사의 고의 · 과실**로 거래계약 파기 ② 청구권의 존속 : 거래당사자 간의 사정으로 거래계약 파기
(3) 중개보수 약정	① 개업공인중개사의 한도 초과약정 : 초과부분 무효 ② 무등록중개업자의 보수 약정 : 전부 무효

2. 중개보수의 범위

(1) 적용기준	① '**주택**'과 '**주택 외의 중개대상물**'로 구분, 서로 다른 기준 적용 ② 건축물 중 **주택의 면적이 2분의 1 이상** ⇨ '주택'으로 분류 　주택의 면적이 2분의 1 미만 ⇨ '주택 외의 중개대상물'로 분류
(2) 주택의 경우	① 공인중개사법: 주택(부속토지 포함)의 중개보수는 **국토교통부령**이 정하는 범위 안에서 **시·도의 조례**로 정한다. ② 국토교통부령: 중개의뢰인 쌍방으로부터 각각 받되, 그 일방으로부터 받을 수 있는 한도는 매매·교환은 거래금액의 0.7%, 임대차 등은 거래금액의 0.6% 범위 내에서 조례가 정하는 바에 의한다. ③ 시·도의 조례: 중개대상물 소재지와 중개사무소 소재지가 다른 경우 **중개사무소의 소재지를 관할하는 시·도의 조례**에 의한다.
(3) 주택 외의 경우	① 공인중개사법: **국토교통부령**에 의한다(시·도 조례×). ② 주거용 오피스텔(전용 85m² 이하, 입식부엌 등 구비) 　㉠ **매매·교환** ⇨ 1천분의 5 　㉡ **임대차 등** ⇨ 1천분의 4의 요율 범위에서 중개보수를 결정 ③ 주택 외의 중개대상물(주거용 오피스텔 제외): **쌍방**으로부터 **각각** 받되, 거래금액의 0.9% **이내**에서 상호 협의·결정

3. 중개보수의 체계

주 택	주택 이외의 중개대상물	
	주거용 오피스텔 (전용 85m² 이하, 일정시설)	그 밖에 중개대상물 (토지·상가·공장 / 85m² 초과)
(1) 공인중개사법 (2) 국토교통부령 (3) 시·도 조례 　중개사무소의 소재지를 　관할하는 시·도의 조례	(1) 공인중개사법 　국토교통부령으로 정함(시·도 조례×)	
	(2) 국토교통부령 ① 매매·교환: 0.5% ↓ ② 임대차 등: 0.4% ↓	(2) 국토교통부령 거래금액의 0.9% 이내에서 상호 협의·결정

4. 중개보수 계산과 지불시기

(1) 매 매	① 거래금액: 매매대금 ② 분양권 전매: 기납입액(계약금, 중도금 등)＋프리미엄 ③ 3동(同): **동일한 중개대상물, 동일 당사자, 동일기회** ⇨ **매매대금만으로**
(2) 교 환	거래금액: **거래금액이 큰 중개대상물의 가액**
(3) 임대차	① 월 단위의 차임액에 **1분의 100**을 곱하여 환산한 금액을 보증금에 합산하여 거래금액을 계산한다(주택, 비주택 불문). ② 환산합산한 금액이 5천만원 미만인 경우: 월 차임액에 70을 곱한 금액과 보증금을 합산한 금액을 거래금액으로 한다(주택, 비주택 불문).
(4) 중개보수 지불시기	개업공인중개사와 중개의뢰인 간의 **약정**에 따르되, 약정이 없을 때에는 중개대상물의 **거래대금 지급이 완료된** 날로 한다.

5. 실비

(1) 실비의 종류	① 중개대상물의 권리관계 등의 확인에 소요되는 실비(**조사비용**)
	② 계약금 등의 반환채무이행 보장에 소요되는 실비(**예치비용**)
(2) 실비의 범위와 기준	① **국토교통부령**이 정하는 범위 내 ⇨ 시·도의 조례로 정함
	② 중개대상물 소재지와 중개사무소 소재지가 다른 경우 ⇨ **사무소의 소재지를 관할하는 시·도의 조례**에 따른다.
(3) 부담자	① 권리관계등의 확인에 소요되는 실비: 권리이전 중개의뢰인
	② 반환채무이행에 소요되는 실비: 권리취득 중개의뢰인

테마 25 포상금제도

1. 신고 또는 고발대상

(1) 신고·고발 대상자(○)	① **양도**·대여하거나 **양수**·대여받은 자(등록증·자격증)
	② **부정**한 방법으로 중개사무소 개설등록을 한 자
	③ **무등록중개업자**(등록을 하지 아니하고 중개업을 한 자)
	④ **표시·광고**를 한 자(개업공인중개사 아닌 자로서)
	⑤ 시세조작, 단체구성(**독**과점), 업무**방**해
(2) 신고·고발 대상자(×)	① 알선을 한 자(등록증·자격증의 양도·대여행위)
	② 부정한 방법으로 자격을 취득한 자
	③ 부당한 표시·광고를 한 자(존다존존빠)
	④ 개업공인중개사로서 이중등록·이중소속을 한 자
	⑤ 금품을 초과수수한 자, 중개의뢰인과 직접거래를 한 자

2. 지급절차 등

(1) 신고·고발 기관	① 등록관청, 거래질서교란행위 신고센터, 수사기관
	② 신고·고발시기: 행정기관에 의하여 발각되기 전에
(2) 지급관청	등록관청
(3) 지급절차	① **지급신청서**의 제출: 등록관청에 제출
	② 수사기관의 처분내용 **조회**: 공소제기(유·무죄 불문), 기소유예
	③ 지급기한: **지급결정**일로부터 1**개월** 이내에
	④ 지급액: 건당 50만원(국고에서 50% 범위 내에서 보조)
	⑤ 신고·고발한 자가 2인 이상인 경우 ㉠ 하나의 사건에 대하여 2인 이상이 공동 신고·고발한 경우 ⇨ **균등배분**지급. 다만, 미리 합의한 경우에는 **합의배분** 지급 ㉡ 하나의 사건에 대하여 2건 이상의 신고·고발이 접수된 경우 ⇨ **최초로 신고 또는 고발한 자**에게 포상금을 지급

테마 26 행정수수료

조례에 의한 수수료 납부대상(○)		수수료 납부대상(×)
① 공인중개사 자격시험에 **응**시하는 자 ② 공인중개사 자격증의 **재**교부를 신청하는 자	시·도 조례	• 자격증 등 교부 3가지 • 휴업·폐업신고 • 고용신고 • 인장등록 • 거래정보사업자 지정신청
③ 중개사무소의 개설**등**록을 신청하는 자 ④ 중개사무소 등록증의 **재**교부를 신청하는 자 ⑤ **분**사무소설치의 신고를 하는 자 ⑥ 신고확인서 **재**교부를 신청하는 자	시·군·구 조례	

※ 다만, 자격시험을 국토교통부장관이 시행하는 경우에는 국토교통부장관이 결정·공고하는 수수료, 업무를 위탁한 경우에는 해당 업무를 위탁받은 자가 위탁한 자의 승인을 얻어 결정·공고하는 수수료를 각각 납부하여야 한다

테마 27 공인중개사협회

1. 협회 일반

(1) 성 격	① 임의설립, 복수협회, 임의가입 ② 비영리 사단법인(「민법」 중 사단법인규정 준용), 설립인가주의
(2) 설립절차	① 정관작성: 회원 300**인** 이상이 발기인이 되어 작성 ② 창립총회: 회원 600**인** 이상(서울 100인 이상, 광역시·도 각 20인 이상) 　　　　　　 출석회원 과반수 동의로 의결 ③ 설립인가: 국토교통부장관 ④ 설립등기: 성립시기
(3) 조 직	① 주된 사무소: 필수적 설치, 서울시(×) ② 지부: ㉠ 시·도별로 정관에 따라 둘 수 있다. 　　　　 ㉡ 설치시 ⇨ 시·도지사에 사후신고 ③ 지회: ㉠ 시·군·구별로 정관에 따라 둘 수 있다. 　　　　 ㉡ 설치시 ⇨ 등록관청에 사후신고 ④ 총회의 의결내용: 국토교통부장관에게 지체 없이 보고하여야 한다.
(4) 감 독	**국토교통부장관**은 **협회**와 그 **지부** 및 **지회**에 대하여 감독상 필요한 때에는 행정명령 및 행정조사를 할 수 있다.

2. 공제사업

(1) 성 격

① 협회는 손해배상책임을 보장하기 위하여 공제사업을 할 수 있다(임의적 사업).

② 협회의 고유업무, 비영리 사업, 회원 간 상호부조 목적

(2) **공제규정**: 제정 및 변경 ⇨ 국토교통부장관의 승인

(3) **책임준비금**

    ① 적립비율: 공제료 수입액의 100**분의** 10 이상으로 정한다.

    ② 책임준비금의 전용: 국토교통부장관의 승인을 얻어야 한다.

(4) **회계분리**: 공제사업을 다른 회계와 분리하여 별도의 회계로 관리하여야 한다.

(5) **실적공시**: 매 회계연도 종료 후 3**개월** 이내에 공시·게시하여야 한다.

(6) **재무건전성 유지**: 지급여력비율은 100**분의** 100 이상을 유지할 것

(7) **조사 또는 검사**: 금융감독원의 원장이 국토교통부장관의 요청이 있는 경우

(8) **개선명령**: 국토교통부장관은 다음의 조치를 명할 수 있다.

> ① 업무집행방법의 변경
> ② 자산예탁기관의 변경
> ③ 자산의 장부가격의 변경
> ④ 불건전한 자산에 대한 적립금의 보유
> ⑤ 가치가 없다고 인정되는 자산의 손실처리
> ⑥ 그 밖에 개선명령

(9) **징계·해임 요구 또는 시정명령**: 국토교통부장관은 협회의 임원이 공제규정을 위반 등으로 공제사업을 건전하게 운영하지 못할 우려가 있는 경우 그 임원에 대한 징계·해임을 요구하거나 해당 위반행위를 시정하도록 명할 수 있다.

3. 공제사업 운영위원회

(1) **설치 및 성격**: 협회에 설치, 필수기관

(2) **구 성**

    ① 위원장과 부위원장 각각 1명을 두되, 위원장 및 부위원장은 위원 중에서 각각 호선한다.

    ② 위원: 19**명** 이내로 성별을 고려하되, 다음의 사람으로 구성한다.

> ㉠ 국토교통부장관이 소속공무원 중에서 지명하는 사람 1명
> ㉡ 협회의 회장
> ㉢ 협회 이사회가 협회의 임원 중에서 선임하는 사람
> ㉣ 협회의 회장이 추천하여 국토교통부장관의 승인을 받아 위촉하는 사람
> ※ 다만, ㉡ 및 ㉢에 해당하는 위원의 수는 전체 위원 수의 3분의 1 미만으로 한다

    ③ ㉢ 및 ㉣에 따른 위원의 임기는 2**년**으로 하되 1회에 한하여 연임할 수 있으며, 보궐위원의 임기는 전임자 임기의 남은 기간으로 한다.

(3) **운 영**

    ① 위원장이 부득이한 사유로 그 직무를 수행할 수 없을 때에는 부위원장이 그 직무를 대행한다.

    ② 재적위원 과반수의 출석으로 개의하고, 출석위원 과반수의 찬성으로 심의사항을 의결한다.

③ 간사 및 서기는 공제업무를 담당하는 협회의 직원 중에서 위원장이 임명한다.

④ 간사는 회의 때마다 회의록을 작성하여 다음 회의에 보고하고 이를 보관하여야 한다.

▌공인중개사 정책심의위원회와 협회 공제사업운영위원회의 비교

구 분	정책심의위원회	공제사업운영위원회
설치 · 성격	국토교통부, 임의조직, 심의기관	협회, 필수조직, 심의 · 감독기관
구 성	위원장 1명 포함 7~11명 위원장 : 제1차관 위원 : 국토부장관이 임명	총 19명 이내 회장 · 임원인 위원(협회 측 인사) 1/3 미만 위원장 · 부위원장 : 위원 중에서 호선
임 기	2년(공무원 제외), 연임제한(×) 보궐위원 잔여기간	2년(공무원 · 회장제외), 연임(1회 제한) 보궐위원은 잔여기간
직무대행	위원장이 미리 지명한 위원이	부위원장이
간사 · 서기	간사 : 위원장이 소속공무원 중에서	간사 · 서기 : 위원장이 공제직원 중에서 간사는 회의록 작성, 다음 회의에 보고
심의 · 의결	재적위원 과반수의 출석으로 개의 출석위원 과반수의 찬성으로 의결	좌동 좌동
회의 통보	○ (7일 전까지)	×
필요사항	위원회의 의결을 거쳐 위원장이 정함	위원회의 심의를 거쳐 위원장이 정함

4. 협회에 대한 제재 : 500만원 이하의 과태료

① 공제사업 운영실적을 **공시**하지 아니한 경우

② 공제업무의 **개선**명령을 이행하지 아니한 경우

③ 임원에 대한 징계 · 해임의 **요구**나 **시정**명령을 이행하지 아니한 경우

④ **감독**상 명령에 위반한 경우(금융감독원 원장의 조사 · 검사에 불응한 경우)

테마 28 개업공인중개사에 대한 행정처분

1. 행정처분 일반

대 상	처분내용	처분권자	처분의 성격	사전절차	증 반납
개업공인중개사	등록취소	등록관청	기속 · 재량	청문	○
	업무정지	등록관청	재량처분	의견제출	×
공인중개사	자격취소	자격증교부 시 · 도	기속처분	청문	○
소속공인중개사	자격정지	자격증교부 시 · 도	재량처분	의견제출	×
거래정보사업자	지정취소	국토교통부장관	재량처분	청문	×

2. 등록취소처분 관련 사항

① 사전에 청문 실시(사망·해산×)

② 등록증 반납 : 7일 이내에(사망으로 인한 등록취소는 반납×)

③ 원칙적으로 3년간 결격사유에 해당

3. 업무정지처분 관련 사항

(1) 업무정지 관련 주의사항

① **법인 또는 분사무소별로** 업무의 정지를 명할 수 있다(등록취소×).

② **업무정지처분은 그 사유가 발생한 날부터 3년이 지난 때에는 이를 할 수 없다.**

③ 업무정지처분을 하고자 하면 미리 **의견제출의 기회**를 주어야 한다.

④ **등록증 반납(×)**

(2) 업무정지의 기준

업무의 정지에 관한 기준은 **국토교통부령**으로 정하며, 그 기준은 다음과 같다.

① 위반행위가 둘 이상인 경우

각 업무정지기간을 합산한 기간을 넘지 않는 범위에서 가장 무거운 처분기준의 2**분의** 1의 범위에서 **가중한다.** 다만, 가중하는 경우에도 총 업무정지기간은 **6개월**을 넘을 수 없다.

② **등록관청**은 위반행위가 사소한 부주의나 오류 등 과실로 인한 것으로 인정되는 경우 **개별기준에** 따른 업무정지기간의 2**분의** 1 범위에서 **줄일 수 있다.**

③ **등록관청**은 위반행위의 내용·정도가 중대하다고 인정되는 경우 **개별기준에** 따른 업무정지기간의 2**분의** 1 범위에서 그 기간을 **늘릴 수 있다.** 다만, 6**개월**을 넘을 수 없다.

4. 행정처분 효과의 승계 등

(1) 폐업신고 전의 행정처분 효과의 승계 등

폐업신고 전의 개업공인중개사에 대한 업무정지사유나 과태료사유로 행한 **행정처분의 효과**는 그 **처분일로부터 1년간** 재등록 개업공인중개사에게 **승계**된다.

(2) 폐업신고 전의 위법행위의 승계

① 원칙

㉠ '재등록 개업공인중개사'가 **폐업신고 전에 등록취소사유나 업무정지사유에 해당하는 위반행위를** 한 경우에는 **해당 행정처분을 할 수 있다.**

㉡ 폐업신고 전 위반행위로 행정처분을 하는 경우 **폐업기간과 폐업사유를** 고려해야 한다.

② 예외

㉠ 폐업신고 전 위반행위가 등록취소에 해당 : **폐업기간이 3년을 초과한** 경우

㉡ 폐업신고 전 위반행위가 업무정지에 해당 : **폐업기간이 1년을 초과한** 경우

테마 29 공인중개사에 대한 행정처분

1. 자격취소처분 관련 사항
① 자격취소처분은 그 **자격증을 교부한 시·도지사**가 행한다.
② 자격증 교부 시·도지사와 사무소 관할 시·도지사가 서로 다른 경우 ➪ **사무소 관할 시·도지사**가 자격취소·정지에 **필요한 절차를 이행** 후 자격증 교부 시·도지사에게 **통보**하여야 한다.
③ 사전에 청문 실시
④ 보고·통보: **시·도지사**가 공인중개사의 **자격취소처분**을 한 때에는 5일 **이내**에 이를 국토교통부장관과 다른 시·도지사에게 **통보**하여야 한다.
⑤ 자격증이 반납: 7일 **이내**에 자격증 교부 시·도지사에게 자격증을 반납. 다만, 분실 등의 사유로 인하여 자격증을 반납할 수 없는 자는 그 이유를 기재한 사유서를 제출
⑥ 자격취소의 효과
　　㉠ 자격시험 응시불가사유에 해당 ➪ 3년간
　　㉡ 등록의 결격사유에 해당 ➪ 3년간

2. 자격정지처분 관련 사항
① 소속공인중개사의 자격정지처분은 그 **자격증을 교부한 시·도지사**가 행한다.
② **등록관청**은 공인중개사가 **자격정지사유**에 해당하는 사실을 **알게 된 때**에는 **지체 없이** 그 사실을 시·도지사에게 **통보**하여야 한다.
③ 자격정지기간 동안 결격사유에 해당
④ 자격정지의 기준: **시·도지사**는 위반행위의 동기·결과 및 횟수 등을 참작하여 **국토교통부령**에 의한 자격정지기간의 2**분의** 1의 범위 안에서 가중 또는 감경할 수 있다. 가중하여 처분하는 때에도 자격정지기간은 6개월을 **초과할 수 없다.**

테마 30 과태료처분 관련 사항

1. 과태료 부과·징수권자
① 국토교통부장관 ➪ 정보통신서비스제공자, 거래정보사업자, 공인중개사협회
② 시·도지사 ➪ 자격취소 후 자격증 미반납자, 연수교육을 미수료자
③ 등록관청 ➪ 중개업무관련 개업공인중개사, 중개보조원

2. 과태료 부과기준
① 감경 부과: 과태료 부과권자는 위반행위가 사소한 부주의나 오류 등 과실로 인한 것으로 인정되는 경우 과태료 금액의 2**분의** 1 **범위에서** 그 금액을 **줄일 수 있다.** 다만, 과태료를 체납하고 있는 위반행위자의 경우에는 그렇지 않다.
② 가중 부과: 과태료 부과권자는 위반행위의 내용·정도가 중대하여 소비자 등에게 미치는 피해가 크다고 인정되는 경우에는 **개별기준**에 따른 과태료의 2**분의** 1 **범위에서** 그 금액을 **늘릴 수 있다.** 다만, **과태료 금액의 상한**(500만원, 100만원)**을 넘을 수 없다.**

공인중개사법 위반시 제재

필요적 등록취소사유

(사)망(개인), 해산(법인) ⇨ 청문× / ※ 사망 ⇨ 등록취소 ⇨ 등록증 반납×	결격×
(부)정한 방법으로 등록(포상금○)	3년/3천
(결)격사유/ 임원·사원 2개월 내 해소×	결격×
(이)중등록(이중으로 중개사무소개설등록)	1년/1천
(이)중소속(둘 이상의 중개사무소에 소속)	1년/1천
(등)록증 양도·대여+성명·상호사용 (포상○)	1년/1천
업무(정)지기간 중 업무 / 자격(정)지 중인 소공에게 업무를 ~	형벌×
(상)습가중: 최근 1년↓ 2회↑ 업 ⇨ 업(위반)	
(보)조원 고용제한 위반	1년/1천

업무정지사유

(결)격사유자를 고용 / 2개월↓ 해소×		6개월
(정)보망 이용관련	거짓공개	6개월
	거래사실 통지×	3개월
(임)의적 등록취소사유(11가지)		6개월
(상)습가중 : 1년↓ 2회↑ 업·과 ⇨ 과(위반)		6개월
(전)속중개계약 ⇨ 작성× 보존×		3개월
거래계약서(서명× 날인× 교부× 보존×)		3개월
(확)인·설명서(서명× 날인× 교부× 보존×)		3개월
인장관련 ⇨ 등록× / 등록× 인장사용		3개월
공정거래법 위반 ⇨ 시정조치·과징금		3개월
감독상 명령에 위반		3개월
업무지역 위반(중개인)		3개월
그 밖에 이 법상 명령·처분 위반		1개월

임의적 등록취소사유

(이)중사무소(둘 이상의 중개사무소)		1년/1천
(임)시 중개시설물		1년/1천
거래(계)약서 ⇨ 거짓기재, 이중계약서		형벌×
등록(기)준 미달		결격×
(겸)업제한 위반(중개법인)		
(휴)업 ⇨ 신고× 6개월 초과		
(전)속중개계약 ⇨ 공개× 공개○		
(보)증(손해배상책임의 보장) 미설정		
(상)습가중 : 최근 1년↓ 3회↑ 업·과 ⇨ 업·과(위반)		
(금)지행위	매·무·수·거	1년/1천
	중·직·투·시·독	3년/3천
(공)정거래법 위반 : 2년↓ ⇨ 2회↑시정조치·과징금		

자격취소사유

(부)정한 방법으로 자격취득(포상금×)		형벌×
(양)도·대여 성명사용(자격증)(포상금○)		1년/1천
자격(정)지기간 중(소공)	업 무	형벌×
	이중소속	1년/1천
(이)법(형) 법 위반 금고 이상(징역) 형 선고		

자격정지사유 ⇨ 소공

(이중)소속 (1/1)		6개월
(거래)계약서	거짓기재, 이중계약서	6개월
	서명× 날인×	3개월
(금지)행위	매·무·수·거(1/1)	6개월
	중·직·투·시·독(3/3)	6개월
(인장)관련 ⇨ 등록× / 등록×인장사용		3개월
(확인)·설명(성실× 제시× 서명× 날인×)		3개월

지정취소사유(재량처분)

(부정)한 방법으로 지정(포상금×)	형벌×
(운영)규정 관련 ① 제정승인× ② 변경승인× ③ 위반운영	500↓ 과
(정보)공개 관련 ① 개공×者~ ② 거짓공개 ③ 차별적 공개	1 / 1
(1년)이내에 설치·운영×	
(사망)·해산 등 계속적 운영 불가	청문×

1년↓징역 / 1천↓벌금

(이)중등록, (이)중소속		필·취	
등록(증)	양도·대여(성명·상호)자 A(포○)	필·취	알선한 자
	양수·대여받은 자 B(포○)	자·취	
자격(증)	양도·대여(성명)자 C(포○)		
	양수·대여받은 자 D(포○)		
(금)지 행위	① 중개대상물 (매)매업	임·취	
	② (무)등록업자와 협조		
	③ (수)수(금품초과)	자·정	
	④ (거)짓된 언행		
(이)중사무소, (임)시 중개시설물		임·취	
(비)밀을 누설한 자(반의사불벌죄)			
(정)보 부정 공개	① 개업공인중개사 ×者로부터~	지·취	
	② 거짓 공개		
	③ 차별적 공개		
(사)칭	① 공인중개사 ×者 사칭		
	② 개업공인중개사 ×者 문자사용		
	③ 개업공인중개사 ×者 표시·광고	포상 ○	
(보)조원 고용제한 위반		필·취	

3년↓징역 / 3천↓벌금

(부)정한 방법으로 등록한 자(포상금○)		필·취	
(무)등록중개업자(포상금○)			
(금)지 행위	⑤ (중)서의 중개·매매업	임·취	
	⑥ (직)접거래·쌍방대리		
	⑦ (투)기조장행위	자·정	
	⑧ (시)세조작행위(포상금○)		
	⑨ (독)과점행위(단체)(포상금○)		
	⑩ 업무(방)해 ⇨ 특·특·특·정·부 (포상금○)		

500만원↓과태료사유

(정보)통신 서비스제공자	① 자료제출 불응 ② 조치요구 불응	
거래(정보) 사업자	① 운영규정 관련(3)	지·취
	② 감독상 명령 위반	
(협회) ⇨ 공시× 개선× 요구× 감독×		
(연수)교육 수료×(개공·소공)		
(개공)	(확인)·설명 ⇨ ① 성실정확× ② 근거자료제시×	
	(부당)·과장광고⇨존·다·존·존·빼	
(보조원) 고지의무 위반 ⇨ 보조원, 개공(예외○)		

100만원↓과태료사유

(휴)업·(폐)업·(재)개·(변)경신고 위반		
(게)시의무 위반 ⇨ 등·수·사·보·자		
사무(소)이전신고의무 위반		10일↓
(보)증 관련⇨① 설명× ② 교부·제공×		
(자)격증·(등)록증 반납×		7일↓
(명)칭 광고 등	① 사무소명칭에 법정문자 사용 위반 ② 중개인의 사용금지의무 위반 ③ 옥외광고물에 성명표기의무 위반 ④ 중개대상물 표시·광고시 명시× ⑤ 인터넷 광고시 추가 명시×	

테마 31 | 부동산거래신고제 일반

1. 각종 제도의 상호관계

(1) 토지거래허가제	토지거래허가를 받은 경우 ⇨ 부동산거래신고(○)
(2) 외국인 등 취득허가	외국인 등의 취득허가를 받은 경우 ⇨ 부동산거래신고(○)
(3) 농지취득자격증명	농지취득자격증명을 받은 경우 ⇨ 부동산거래신고(○)

2. 신고의무자

(1) 직거래	① 거래당사자가 공동으로 신고하여야 한다. 　다만, 일방이 국가 등인 경우에는 국가 등이 신고하여야 한다. ② 일방이 신고를 거부한 경우 ⇨ 다른 일방이 단독신고 가능
(2) 중개거래	① 개업공인중개사만 신고의무를 부담한다. ② 공동중개시 ⇨ 공동으로 신고하여야 한다. ③ 거래당사자는 신고의무(×)

3. 신고대상 부동산 등

신고대상(○)	(1) 부동산(토지·건축물) ⇨ 지목, 건축물의 용도, 면적의 제한 없이 신고 (2) 부동산의 공급계약(8가지 법률상 최초 분양계약) (3) 부동산을 취득할 수 있는 권리 　① 분양권: 부동산을 공급받는 자로 선정된 지위(8가지 법률상) 　② 입주권(입주자로 선정된 지위) 　　㉠「도시 및 주거환경 정비법」상 입주권 　　㉡「빈집 및 소규모주택 정비에 관한 특례법」상 입주권 ※ 8가지 법률(주 도 빈 건 택 도 공 산) 　**주**택법, **도**시 및 주거환경 정비법, **빈**집 특례법, **건**축물 분양에 관한 법률, 　**택**지개발촉진법, **도**시개발법, **공**공주택 특별법, **산**업입지·개발에 관한 법률
신고대상(×)	(1)「공인중개사법」상 중개대상물 중 입목·광업재단·공장재단 (2)「건축법」상 부동산 공급계약
대상계약	매매계약(○) / 교환, 증여, 상속, 경매, 임대차(△), 전세권설정계약(×)
신고기한	계약 체결일부터 30일 이내에
신고관할	부동산 소재지 관할 시장·군수·구청장 / 주소지(×), 중개사무소 소재지(×)

4. 신고사항 등

(1) 공통 신고사항(법인 및 법인 외의 자)

신고사항(○)	신고사항(×)
① 거래당사자의 인적사항 ② **계**약체결일, 중도금지급일 및 잔금지급일 ③ 거래대상 **부**동산 등의 소재지·지번·지목·면적 ④ 거래대상 **부**동산 등의 종류(권리의 종류) ⑤ **실**제 거래가격 ⑥ 개**업**공인중개사의 인적사항 등 ⑦ 계약의 **조**건이나 **기**한이 있는 경우 그 조건 또는 기한 ⑧ 위탁관리인의 인적사항(매수인이 국내에 주소 또는 거소를 두지 않을 경우)	① 권리이전의 내용 ② 물건의 인도일시 ③ 공법상 제한 ④ 기준시가 ⑤ 취득관련 조세

(2) 법인이 주택거래계약을 체결한 경우 추가 신고사항

> ① 법인의 현황에 관한 다음의 사항(국가 등이 포함, 최초 공급계약과 분양권은 제외)
>   ㉠ 법인의 등기 현황
>   ㉡ 법인과 거래상대방 간의 관계가 특수관계(친족관계)에 해당하는지 여부
> ② 주택 취득목적 및 취득자금 등에 관한 다음의 사항(법인이 주택의 매수자인 경우만 해당)
>   ㉠ 주택의 취득목적·이용계획
>   ㉡ 주택 취득 자금조달계획 및 지급방식(투기과열지구 : 자금조달계획 증명서류 첨부)

(3) 법인 외의 자가 비규제지역의 실제 거래가격 6억원 이상인 주택이나 투기과열지구 또는 조정대상지역의 주택을 매수하는 경우 추가 신고사항(매수인이 국가 등인 경우 제외)

> ① 주택 취득 자금조달계획 및 지급방식(투기과열지구 : 자금조달계획 증명서류 첨부)
> ② 주택에 매수자 본인이 입주할지 여부, 입주 예정 시기 등 거래대상 주택의 이용계획

(4) 실제 거래가격이 '수도권 등'에 소재하는 토지는 1억원, '비수도권 등'에 소재하는 토지는 6억원 이상인 경우의 추가 신고사항(매수인 국가 등인 경우, 토지거래허가를 받아야 하는 경우는 제외)

> ① 토지의 취득에 필요한 자금의 조달계획
> ② 토지의 이용계획

(5) '수도권 등'에 소재하는 토지나 '비수도권 등'에 소재하는 실제 거래가격이 6억원 이상인 토지를 지분으로 매수하는 경우의 추가 신고사항(매수인 국가 등인 경우, 토지거래허가를 받아야 하는 경우는 제외)

> ① 토지의 취득에 필요한 자금의 조달계획
> ② 토지의 이용계획

🔖 **지역별 규제내용의 정리**(제출서류)

구 분		규제내용(제출서류)	
부동산거래신고시 제출서류		① 부동산거래계약신고서 ② 법인주택거래계약신고서(법인신고서) ③ 주택취득자금조달 및 입주계획서 ④ 주택 자금조달계획 증명서류 ⑤ 토지취득자금조달 및 토지이용계획서	
규제 및 비규제 불문		모든 부동산 등 ⇨ ①	
법인이 주택거래계약 체결시		① + ②	
법인이 주택의 매수자인 경우		모든 주택(가액 불문) ⇨ ① + ② + ③	
		투기과열지구 ⇨ ① + ② + ③ + ④	
주택(비규제지역)		실제거래가격 6억원 이상 주택 ⇨ ① + ③	
주택 (규제지역)	조정대상지역	모든 주택(가액 불문) ⇨ ① + ③	
	투기과열지구	모든 주택(가액 불문) ⇨ ① + ③ + ④	
토지의 매수자		'수도권 등' 소재 1억 이상 토지	① + ⑤
		'비수도권 등' 소재 6억 이상 토지	
토지의 지분 매수자		'수도권 등' 소재 토지(가액 불문)	
		'비수도권 등' 소재 6억 이상 토지	

5. 신고방법

(1) 방문신고

① 거래당사자의 신고

㉠ 공동신고 : 거래당사자는 부동산거래계약신고서에 **공동으로 서명 또는 날인**하여 거래당사자 중 **일방이 신고관청에 제출**해야 한다. 국가 등은 부동산거래계약신고서에 단독으로 서명 또는 날인하여 신고관청에 제출해야 한다.

㉡ 단독신고

ⓐ 당사자 중 일방이 신고를 거부하는 경우에는 **다른 일방**이 단독으로 신고할 수 있다. 이 경우 신고서에 **거래계약서 사본**과 **단독신고사유서**를 첨부하여야 한다.

ⓑ 신고관청은 단독신고사유 해당 여부를 확인하여야 한다.

㉢ 자금조달·입주(이용)계획서의 제출

ⓐ **매수인이 단독으로 서명 또는 날인한 자금조달·입주(이용)계획서**를 제출

ⓑ 법인 또는 매수인이 법인신고서 또는 자금조달·입주계획서를 부동산거래계약신고서와 **분리하여 제출하기를 희망**하는 경우 법인 또는 매수인은 자금조달·입주계획서를 거래계약의 체결일부터 30일 **이내**에 별도로 제출할 수 있다.

ⓒ 부동산거래계약을 신고하려는 자 중 **법인 또는 매수인 외의 자**가 법인신고서 또는 자금조달·입주계획서를 제출하는 경우 법인 또는 매수인은 부동산거래계약을 신고하려는 자에게 거래계약의 체결일부터 **25일 이내**에 법인신고서 또는 자금조달·입주계획서를 제공해야 한다.

② 개업공인중개사의 신고
　　㉠ 신고서의 제출 : **개업공인중개사**는 부동산거래계약신고서에 **서명 또는 날인**하여 신고관청에 제출하여야 한다. **공동중개**의 경우에는 공동으로 서명 또는 날인하여야 한다.
　　㉡ 거래당사자는 신고서에 서명 또는 날인할 필요가 없다.

③ 신분증 제시 : 부동산거래신고를 하려는 자는 신고인의 주민등록증, 운전면허증, 여권 등 신분증명서를 신고관청에 보여주어야 한다.

④ 신고서 제출대행
　　㉠ 거래당사자의 신고서 제출대행 ⇨ 신분증 제시, 위임장·신분증명서 사본 제출
　　㉡ 개업공인중개사의 신고서 제출대행 ⇨ 소속공인중개사(○), 중개보조원(×)
　　　　소속공인중개사 ⇨ 신분증 제시(○), 위임장·신분증명서 사본(×)

(2) **전자문서에 의한 신고**
(3) **부동산거래계약시스템을 통한 거래계약** : 신고서를 제출한 것으로 본다.

6. 신고필증의 발급
① 신고필증의 발급 : 지체 없이
② 검인의제 : 신고인이 신고필증을 발급받은 때에 **검인을 받은 것으로 본다.**

7. 신고내용의 검증
(1) **검증체계의 구축·운영** : 국토교통부장관
(2) **신고가격의 적정성 검증** : 신고관청
(3) **검증결과 통보 및 과세자료 활용** : 신고관청 ⇨ 세무관서의 장 : 과세자료 활용

테마 32	해제등신고

(1) 거래당사자의 해제등신고	① 공동신고 : 해제등이 확정된 날부터 30일 이내에 해당 신고관청에 **공동으로 신고**하여야 한다. 다만, 거래당사자 중 일방이 신고를 거부하는 경우에는 **단독으로 신고**할 수 있다. ② 일방 거부 : 단독신고 가능 ⇨ 확정된 법원의 판결문 등 해제등이 확정된 사실을 입증할 수 있는 서류 + 단독신고사유서 ③ 일방이 국가 등 : 국가 등이 단독으로 해제등의 신고를 할 수 있다. ④ 위반시 제재 : 500만원 이하의 과태료
(2) 개업공인중개사 해제등신고	① 임의적 신고 : 개업공인중개사는 해제등신고를 할 수 있다. ② 신고서 제출 대행 : 개업공인중개사의 위임을 받은 소속공인중개사 가능
(3) 확인서 발급	신고관청은 그 내용을 확인한 후 해제등확인서를 지체 없이 발급
(4) 부동산시스템	부동산거래계약 해제등신고서를 제출한 것으로 본다.

테마 33	정정신청 및 변경신고

1. 정정신청(임의적)

	정정신청사항(○)	정정신청사항(×)
정정 신청사항	① 거래당사자의 주소, 전화번호 · 휴대전화번호 ② 개공의 전화번호, 상호 · 사무소소재지 ③ 거래 지분비율, 대지권비율 ④ 거래대상 건축물의 종류 ⑤ 거래대상 부동산 등의 지목 · 거래지분 · 면적	① 소재지 · 지번 ② 거래금액 ③ 계약일, 중도금 · 잔금지급일 ④ 거래당사자의 성명 · 주민번호 ⑤ 개업공인중개사의 성명 · 주소
	※ 거래당사자의 주소 · 전화번호 또는 휴대전화번호를 정정하는 경우 　⇨ 일방이 단독으로 서명 또는 날인(住電不二)	

2. 변경신고(임의적)

	변경신고사항(○)	정정신고사항(×)
변경 신고사항	① 거래지분비율 및 거래지분 ② 거래대상 부동산 등의 면적 ③ 거래의 조건 또는 기한 ④ 거래금액(거래가격) ⑤ 중도금 및 지급일, 잔금 및 지급일 ⑥ 공동매수의 경우 일부 매수인의 변경 　(매수인 중 일부가 제외되는 경우만 해당) ⑦ 부동산 등이 다수인 경우 일부 부동산 등의 변경 　(부동산 등 중 일부가 제외되는 경우만 해당)	① 계약일 ② 건축물의 종류 · 지목 ③ 매수인의 추가 · 교체 ④ 부동산 등의 추가 · 교체
	※ ②의 면적 변경 없이 ④의 거래금액을 변경하는 경우 ⇨ 증명서류를 첨부	

테마 34 주택 임대차계약의 신고

1. 신고의무자 및 신고대상 등

(1) 신고의무자	① 임대차계약 당사자가 공동으로 신고 ② 당사자 일방이 국가 등인 경우에는 국가 등이 신고
(2) 신고대상	① 주택: 「주택임대차보호법」에 따른 주택 ② 대상금액: 보증금 6천만원 또는 월차임 30만원 초과 임대차계약(갱신하는 경우 보증금 및 차임의 증감 없이 **기간만 연장하는 계약은 제외**) ③ 대상지역: 전국(충청·경상·전라도의 군지역 제외)
(3) 신고기한	임대차계약 체결일부터 30일 이내에
(4) 신고관청	주택 소재지 관할 신고관청 ⇨ 읍·면·동장 또는 출장소장에게 위임 가능

2. 신고절차 등

(1) 신고내용	① 임대차계약 당사자의 인적사항 ② 임대차 목적물 현황(임대차 목적물의 소재지, 종류, 임대면적 등) ③ 보증금 또는 월차임 ④ 계약체결일 및 계약기간 ⑤ 계약갱신요구권의 행사 여부(계약을 갱신한 경우만 해당)
(2) 신고절차	① 방문신고: 공동으로 신고서에 서명 또는 날인하여 일방이 제출하되, 일방이 공동신고를 거부하는 경우에는 다른 일방이 단독으로 신고할 수 있다. ② 신고필증 지체 없이 발급 ③ 부동산거래계약시스템 이용: 부동산거래계약시스템을 통해 주택 임대차계약을 체결한 경우에는 임대차계약 당사자가 공동으로 임대차신고서를 제출한 것으로 본다. ④ 변경 또는 해제등의 신고: 임대차계약 당사자는 신고를 한 후 해당 주택 임대차계약의 보증금·차임 등 임대차가격이 변경되거나 임대차계약이 해제된 때에는 변경 또는 해제가 확정된 날부터 **30일 이내**에 해당 신고관청에 **공동으로 신고**하여야 한다(임대차계약 당사자 중 **일방이 국가 등인 경우에는 국가 등이 신고**).
(3) 의제규정	① 임차인이 「주민등록법」에 따라 **전입신고**를 하는 경우 **주택 임대차계약의 신고**를 한 것으로 본다. ② **임대차계약 신고의 접수를 완료**한 때에는 「주택임대차보호법」에 따른 **확정일자를 부여**한 것으로 본다(임대차계약서가 제출된 경우로 한정).

테마 35 부동산거래신고제 위반에 따른 제재와 효과

위반행위		제재	포상금 신고대상	자진신고 감면
신고의무자(거래당사자)로서	부동산거래신고를 거짓으로 한 자	취득가액 10% 이하 과태료	○	○
신고의무자(개업공인중개사)로서			○	○
신고의무자가 아닌 자로서			○	○
부동산거래 신고대상 계약을 체결하지 아니하였음에도 불구하고 거짓으로 부동산거래신고를 한 자(**부당이득목적**)		3천 이하 과태료 (3년/3천)	○	×
부동산거래신고 후 계약이 해제 등이 되지 아니하였음에도 불구하고 거짓으로 해제등의 신고를 한 자(**부당이득목적**)			○	×
거래대금 지급을 증명할 수 있는 자료를 제출하지 아니하거나 거짓으로 제출한 자			×	×
부동산거래신고를 하지 아니한 자(공동신고 거부자 포함)		500 이하 과태료	×	○
해제등의 신고를 하지 아니한 자(공동신고 거부자 포함)			×	○
개업공인중개사에게 신고를 하지 아니하게 하거나 거짓으로 신고하도록 요구한 자			×	○
거짓으로 부동산거래신고 또는 부동산거래 해제등의 신고를 하는 행위를 조장하거나 방조하는 행위를 한 자			×	○
거래대금지급증명자료 외의 자료를 제출하지 아니하거나 거짓으로 제출한 자			×	×
주택 임대차계약의 계약금액을 **거짓으로 신고한** 자		100 이하 과태료	○	○
주택 **임대차계약의 신고** 또는 임대차계약 **변경 또는 해제 신고**를 하지 아니한 자			×	○
외국인 취득 특례	계약을 원인으로 한 취득신고를 하지 아니하거나 거짓으로 신고한 자	300 이하 과태료	×	○
	계약 외의 원인으로 한 취득신고를 하지 아니하거나 거짓으로 신고한 자	100 이하 과태료	×	○
	계속보유신고를 하지 않거나 거짓으로 신고한 자		×	○

■ 위반행위 자진신고자에 대한 과태료 감면 관련 사항

> (1) 감면 비율
>   ① 조사 시작 전 자진신고 ⇨ 전액 면제
>   ② 조사 시작 후 자진신고 ⇨ 50% 감경
> (2) 감면 대상이 아닌 자
>   ① 계약을 체결하지 아니하였음에도 불구하고 거짓으로 신고한 자
>   ② 해제등이 되지 아니하였음에도 불구하고 거짓으로 신고한 자
>   ③ 거래대금지급증명자료를 제출하지 아니하거나 거짓으로 제출한 자
>   ④ 거래대금지급증명자료 외의 자료를 제출하지 않거나 거짓으로 제출한 자
> (3) 감면 불가
>   ① 위반한 사실 등이 관계기관으로부터 신고관청에 통보된 경우
>   ② 과거 1년 이내에 자진신고를 하여 3회 이상 감경·면제를 받은 경우
> (4) 조사가 시작된 시점: 신고관청이 자료제출 등을 요구하는 서면을 발송한 때

테마 36 부동산거래계약신고서 작성방법

1. 공급계약·전매계약 ⇨ 부가가치세를 포함한 금액을 적는다.
   그 외에 거래대상 부동산(토지·건축물) ⇨ 부가가치세를 제외한 금액을 적는다.

2. 거래당사자가 다수인 경우 ⇨ 주소란에 각자의 거래지분비율을 적는다.

3. 거래당사자가 외국인인 경우 ⇨ 국적을 적는다.
   외국인이 부동산 등을 매수한 경우 ⇨ 매수용도를 적는다.

4. 지목·면적은 대장을 확인하여 기재, 대지권비율은 등기사항증명서를 확인하여 기재한다.

5. **건축물의 면적**: 집합건축물 ⇨ 전용면적, 그 밖의 건축물 ⇨ 연면적을 적는다.

6. 물건별 거래가격 ⇨ 각각의 부동산별 거래가격을 적는다.
   최초 공급계약·전매계약 ⇨ 공급가격, 옵션비용, 추가지불액을 적는다.

7. 총 실제거래가격 ⇨ 각각의 부동산별 거래가격의 합계금액을 적는다.

8. 종전 부동산(입주권에 한하여 기재) ⇨ 추가지불액, 권리가격, 합계금액을 적는다.

테마 37 │ 외국인 등의 부동산 등의 취득특례

1. 제도 일반

(1) 외국인 등의 정의	① 대한민국의 국적을 보유하고 있지 아니한 개인(외국사람) ② 외국의 법령에 따라 설립된 법인 또는 단체(외국회사) ③ 사원·구성원의 2분의 1 이상이 대한민국 국적 미보유 법인 또는 단체 ④ 임원의 2분의 1 이상이 대한민국 국적 미보유 법인 또는 단체 ⑤ ① 또는 ②가 자본금·의결권의 2분의 1 이상을 보유한 법인 또는 단체 ⑥ 외국 정부 ⑦ 대통령령으로 정하는 국제기구(국제연합과 그 산하기구 등)
(2) 적용 범위	① 매매계약을 체결하여 부동산거래신고를 한 경우를 제외하고 적용 ② 부동산거래신고를 한 경우 ⇨ 특례에 따른 신고를 할 필요 없다. ③ '소유권' 취득에 적용: 지상권·저당권설정계약·임대차계약에 적용(×)
(3) 상호주의	① 원칙: 국토교통부장관 ⇨ 눈에는 눈, 이에는 이 ② 예외: 헌법과 법률에 따라 체결된 조약의 이행에 필요한 경우

2. 취득신고·계속보유신고

(1) 계약 원인 취득신고	① **계약**(교환·증여 / 매매는 제외) ⇨ **계약체결일부터 60일** 이내에 ② 신고하지 않거나 거짓신고 ⇨ **300만원** 이하의 과태료사유
(2) 계약 외 원인 취득신고	① 계약 외의 원인 ⇨ 취득일로부터 **6개월** 이내에 ② 상속, 경매, 환매, 판결, 합병, 신축·증축·개축·재축 ③ 신고하지 않거나 거짓신고 ⇨ **100만원** 이하의 과태료사유
(3) 계속보유신고	① 외국인 등으로 변경(국적 상실) ⇨ 변경일부터 **6개월** 이내에 ② 신고하지 않거나 거짓신고 ⇨ **100만원** 이하의 과태료사유

3. 토지취득허가

(1) 허가대상 토지	다음의 토지 취득시 허가 요함. 다만, 토지거래허가 받은 경우 제외 ① 「군사기지 및 군사시설 보호법」에 따른 **군사기지 및 군사시설 보호구역** ② 「문화재보호법」에 따른 지정**문화**재와 이를 위한 보호물 또는 보호구역 ③ 「자연유산의 보존 및 활용에 관한 법률」에 따른 천연기념물등과 이를 위한 보호물 또는 보호구역 ④ 「야생생물 보호 및 관리에 관한 법률」에 따른 **야생**생물특별보호구역 ⑤ 「자연환경보전법」에 따른 **생태**·경관보전지역
(2) 처리기한 등	① 30일 이내, ②③④⑤ 15일 이내에 허가나 불허가처분, **허가의 기속성**
(3) 효력 및 벌칙	① 무허가계약 ⇨ 무효 ② 벌칙 ⇨ **2년** 이하의 징역 또는 2**천만원** 이하의 벌금

테마 38 토지거래허가제

1. 토지거래허가구역의 지정

지정권자 지정기간	(1) 지정권자: 국토교통부장관, 시·도지사 ※ 허가권자: 시장·군수·구청장 　① 허가구역이 둘 이상의 시·도에 걸친 경우 ⇨ **국토교통부장관**이 지정 　② 동일한 시·도 안에 일부 지역 ⇨ 원칙적으로 시·도지사가 지정 (2) 지정기간: **5년** 이내의 기간을 정하여
지정 대상지역	(1) 토지의 투기적 거래 성행 + 그러한 우려가 있는 지역으로서 (2) 다음에 해당하는 지역 　① **토지이용계획**이 새로이 **수립**되거나 **변경**되는 지역 　② 토지이용에 대한 **행위제한**이 **완화**되거나 **해제**되는 지역 　③ 법령에 의한 **개발사업**이 진행 중이거나 예정되어 있는 지역과 그 인근 　　지역 　④ 그 **밖에** 지정권자가 투기우려가 있다고 인정하는 지역 등
지정절차	(1) 심의: 중앙(시·도)도시계획위원회 / 재지정시: 심의 전 의견청취 (2) 지정·공고: 효력발생: 공고일로부터 **5일** 후 (3) 공고내용의 통지 　① 국토교통부장관 지정 ⇨ 시·도지사를 거쳐 시·군·구청장에게 　② 시·도지사 지정 ⇨ 국토교통부장관 및 시·군·구청장에게 (4) 통지 ⇨ 등기소장, 공고 ⇨ **7일** 이상, 열람 ⇨ **15일** 간

2. 허가대상

허가대상 계약	토지에 관한 소유권·지상권(소유권·지상권의 취득목적 권리 포함)을 이전하거나 설정(유상으로 이전·설정하는 경우만 해당)하는 계약(예약을 포함)	
허가의 기준면적	도시지역	도시지역 외의 지역
	• 주거지역: $60m^2$ 이하 • 상업지역: $150m^2$ 이하 • 공업지역: $150m^2$ 이하 • 녹지지역: $200m^2$ 이하 • 미지정 구역: $60m^2$ 이하	• 기본 $250m^2$ 이하 • 농지는 $500m^2$ 이하 • 임야는 $1,000m^2$ 이하
	※ 지정권자가 해당 지역에서의 거래실태 등에 비추어 기준면적의 10% 이상 300% 이하의 범위에서 따로 정하여 공고한 경우에는 그에 의한다.	
면적산정 특례	(1) 일단의 토지거래: 일단의 토지 + 일단의 토지의 일부(1년 이내) 　⇨ 일단의 토지 전체에 대한 거래로 본다. (2) 분할거래: 분할 후 최초의 거래에 한하여 기준면적을 초과하는 토지거래계약을 체결하는 것으로 본다. 공유지분으로 거래되는 경우도 또한 같다.	

3. 허가절차

(1) 허가신청	① 허가신청서: **토지이용계획서** + **토지취득자금 조달계획서**를 첨부 ② **개업공인중개사의 인적사항**은 허가신청서에 기재사항이 아님
(2) 조 사	허가신청서를 제출받은 관할청은 지체 없이 필요한 조사를 하여야 한다.
(3) 허가처분 불허가처분	① 15일 이내에 허가(허가증 발급) 또는 **불허가** 처분(서면통지) ② 선매협의 절차가 진행 중인 경우에는 그 사실을 신처인에게 통지 ③ 처리기간 내에 처분 등이 없으면 그 익일에 허가 간주 ④ 허가처분 또는 불허가처분 ⇨ 이의신청(1개월 이내에) ⑤ 불허가처분 ⇨ 매수청구(1개월 이내에) ※ 매수청구 ⇨ 매수가격: 공시지가, 대상권리: 소유권·지상권
(4) 효과 및 제재	① 무허가 계약의 효력 ⇨ 무효 ② 위반시 제재 ⇨ 2년 이하의 징역 또는 토지가격의 30% 이하의 벌금
(5) 의제규정	① 토지거래허가 ⇨ 농지취득자격증명 발급의제(○) ② 토지거래허가 ⇨ 계약서의 검인의제(○) ③ 토지거래허가 ⇨ 부동산거래계약 신고의제(×), 별도로 신고해야 한다.

4. 토지의 이용의무

(1) 이용의무 기간	5년 범위 내에서 대통령령이 정하는 기간 동안 허가받은 목적대로 이용 ① 거주용 주택용지, 복지·편익시설, 농업 등, 대체토지 등 ⇨ 2년 ② 사업시행목적 ⇨ 4년 ③ 현상보존·임대사업 ⇨ 5년
(2) 이용의무 위반시 조치	① 이행명령: 3개월 이내의 기간을 정하여 문서로 토지이용의무를 이행하도록 명할 수 있다. 다만, 「농지법」에 따른 이행강제금 부과시에는 제외 ② 이행강제금 부과 　㉠ 금액: **토지취득가액(실제 거래가액)의 100분의 10의 범위**에서 　　방치: 10%, 임대: 7%, 변경: 5%, 기타: 7% 　㉡ 부과기간: 최초의 이행명령이 있었던 날을 기준으로 하여 **1년에 한 번씩** 그 이행명령이 이행될 때까지 반복하여 부과 　㉢ 부과중지 등: 이용의무기간이 지난 후에는 이행강제금을 부과할 수 없다. 또한, 이행명령을 받은 자가 그 명령을 이행하는 경우에는 새로운 이행강제금의 부과를 즉시 중지하되, 이미 부과된 이행강제금은 징수하여야 한다. 　㉣ 이의제기: 부과처분의 고지를 받은 날부터 **30일 이내에**

5. 선매(先買)

(1) 선매요건	허가신청이 있는 경우 다음의 토지에 대하여 협의매수 ① 공익사업용 토지 ② 허가 받은 토지를 그 이용목적대로 이용하고 있지 아니한 토지
(2) 선매자 지정통지	선매대상토지에 대하여 토지거래 **허가신청이 있는** 날부터 1개월 이내에 선매자를 지정하여 토지소유자에게 **통지**하여야 한다.
(3) 선매협의	① 선매자는 1개월 이내에 토지소유자와 **선매협의를 완료** ② 15일 이내에 선매조건을 기재한 서면을 토지소유자에게 통지 ③ **선매협의조서에 거래계약서 사본 첨부**
(4) 가격·대상	① 선매가격: 감정가격, ② 대상권리: 소유권에 한함
(5) 불성립시	지체 없이 토지거래계약의 **허가** 또는 **불허가**의 여부를 결정하여 통보

6. 포상금 제도(부동산거래신고제 및 토지거래허가제 관련)

부동거래 신고제 포상금	신고·고발 대상자 (거짓신고)	① 거래당사자로서 **실제 거래가격을 거짓으로** 신고한 자 ② 개업공인중개사로서 **실제 거래가격을 거짓으로** 신고한 자 ③ 신고의무자가 아닌 자로서 **실제 거래가격을 거짓으로** 신고한 자 ④ 위장거래신고 ⇨ **계약을~불구하고 거짓으로** 신고를 한 자 ⑤ 위장해제신고 ⇨ **해제등~불구하고 거짓으로** 신고를 한 자 ⑥ 주택 임대차계약의 **계약금액을 거짓으로** 신고한 자 ※ 대상자(×) ⇨ 신고하지 아니한 자, 요구한 자, 조장·방조한 자, 　　　　　　　자료를 제출하지 아니한 자
	지급조건	과태료 부과
	포상금액	과태료 부과금액의 100분의 20(한도 1천만원) 시·군·구의 재원으로 충당 / 국고보조(×)
	지급절차	신고 ⇨ 지급 여부 결정 ⇨ 통보 ⇨ 신청서 접수 ⇨ 2개월↓지급
	2인 이상	① 공동신고: 균등 / 합의 ② 2건 이상: 최초신고자
토지거래 허가제 포상금	신고·고발 대상자	① 허가 또는 변경허가를 받지 아니하고 계약을 체결한 자 ② 부정한 방법으로 토지거래계약허가를 받은 자 ③ 허가받은 목적대로 이용하지 아니한 자
	지급조건	①② 공소제기·기소유예 / ③ 이행명령
	포상금액	1건당 50만원, 동일목적을 위한 일단의 토지는 1건으로 본다. 시·군·구의 재원으로 충당 / 국고보조(×)
	지급절차	신고 ⇨ 지급 여부 결정 ⇨ 통보 ⇨ 신청서 접수 ⇨ 2개월↓지급
	2인 이상	① 공동신고: 균등 / 합의 ② 2건 이상: 최초신고자

■ 토지거래허가규정을 위반한 경우의 효과

위반행위	제재	허가취소	조치명령	선매	포상금
① 허가·변경허가× 계약을 체결한 자	2년/30%	×	○	×	○
② 부정한 방법으로 허가를 받은 자	2년/30%	○	○	×	○
③ 허가받은 목적대로 이용하지 아니한 자	이행명령 이행강제금	○	○	○	○

테마 39 분묘기지권

1. 분모기지권의 성립

(1) 의 의	타인의 토지에 분묘를 설치한 자가 그 분묘를 수호하고 봉제사를 위하여 타인의 토지를 사용할 수 있는 권리로서 관습법상 특수지상권에 해당
(2) 성립요건	① 분묘의 존재: 존재 인식 가능 ⇨ 평장×, 암장× ② 분묘 내부에 시신이 안장 ⇨ 가묘× ③ 등기는 요하지 않는다.
(3) 성립사유	① 승낙형: 토지소유자의 승낙을 얻어 그의 소유지 내에 분묘를 설치한 경우 ② 시효형: 20년간 평온·공연하게 그 분묘의 기지를 점유한 경우 (「장사법」이 시행된 이후의 무단설치 분묘는 시효취득 불가) ③ 양도형: 자기의 토지에 분묘를 설치한 후 그 분묘기지에 대한 소유권을 유보하거나 분묘도 함께 이전한다는 특약을 함이 없이 토지를 처분한 경우

2. 분묘기지권의 효력

(1) 장소적 효력	① 분묘기지뿐만이 아니라 주위 빈 땅에도 미친다. ② 분묘기지권에는 효력이 미치는 범위 내라고 할지라도 기존의 분묘 외에 새로운 분묘를 설치할 권능은 포함되지 않는다. ③ 부부 중 일방 사망 ⇨ 나중에 사망한 다른 일방의 합장×
(2) 시간적 효력	① 「민법」상 지상권 규정의 적용(×) ② 약정이 없는 경우 권리자가 분묘의 수호와 봉사를 계속하며, 그 분묘가 존속하는 동안 분묘기지권은 존속한다. ③ 분묘가 멸실된 경우: 유골이 존재하여 분묘의 원상회복이 가능하여 일시적인 멸실에 불과하다면 분묘기지권은 소멸하지 않고 존속한다.
(3) 지 료	① 시효형: 토지소유자가 지료를 청구한 날로부터 지료지급의무 발생 ② 양도형: 분묘기지권이 성립한 때부터 토지소유자에게 지료지급의무 발생
(4) 기 타	① 권리자가 의무자에 대하여 그 권리를 포기하는 의사표시를 하는 외에 점유까지도 포기하여야만 그 권리가 소멸하는 것은 아니다. ② 총유물인 임야에 대한 분묘설치행위의 성질은 처분행위에 해당하므로 사원총회의 결의를 필요로 한다.

테마 40 장사 등에 관한 법률

1. 묘지 등의 면적

묘지의 면적		자연장지의 면적	
개인 묘지	30m² 이하	개인 자연장지	100m² 미만
가족 묘지	100m² 이하	가족 자연장지	100m² 미만
문중 묘지	1,000m² 이하	문중 자연장지	2,000m² 이하
법인 묘지	10만m² 이상	종교단체 자연장지	4만m² 이하
		법인 자연장지	5만m² 이상

※ 공동묘지 안의 분묘 1기 및 상석·비석 등 시설물: 10m²(합장 15m²) 초과금지
※ 봉안묘: 높이 70cm 초과금지, 면적 2m² 초과금지
※ 법인묘지: 폭 5m 이상의 도로와 그 도로로부터 각 분묘로 통하는 충분한 진출입로를 설치하고, 주차장을 마련하여야 한다.
※ 자연장의 방법
　① 지면으로부터 30cm 이상의 깊이에 화장한 유골의 골분(骨粉)을 묻어야 한다.
　② 화장한 유골의 골분, 흙, 용기 외의 유품(遺品) 등을 함께 묻어서는 아니 된다.

2. 각종 신고 및 허가

구 분	매장·화장·묘지	자연장지
① 사후신고(30일 내)	매장, 개인묘지	개인 자연장지
② 사전신고	화장, 개장	가족·문중 자연장지
③ 사전허가	가족·문중·법인 묘지	종교단체·법인 자연장지

🔒 참고: 「민법」상 재단법인에 한정하여 법인묘지의 설치·관리를 허가할 수 있다.

3. 분묘의 설치기간 등

(1) 설치기간
　① 공설묘지 및 사설묘지에 설치된 분묘의 설치기간: 30년
　② 연장신청: 1회에 한하여 그 설치기간을 30년으로 하여 연장(조례로 단축 가능)
　③ 기간 종료시: 1년 이내에 시설물을 철거하고 매장된 유골을 화장·봉안
(2) 타인의 토지 등에 설치된 분묘(무연분묘)의 처리 등
　① 승낙 없이 타인의 토지·묘지에 설치한 분묘: 관할청의 허가를 받아 개장 가능
　② 개장: 미리 3개월 이상의 기간을 정하여 통보, 연고자를 모르면 공고
(3) 분묘 및 자연장 보존의 권리제한(「장사법」 시행 후 시효취득 불가)
　① 타인의 승낙 없이 분묘를 설치한 자는 토지사용권, 분묘 보존권리 주장 불가
　② 타인의 승낙 없이 자연장을 한 자는 토지사용권 등 권리주장 불가

테마 41 **확인·설명서의 작성**

중개대상물 확인·설명서[Ⅰ] (주거용 건축물)

(주택 유형: [   ]단독주택   [   ]공동주택   [   ]주거용 오피스텔)

(거래 형태: [   ]매매·교환 [   ]임대   )

확인·설명 자료	확인·설명 근거자료 등	[ ]등기권리증[ ]등기사항증명서[ ]토지대장[ ]건축물대장 [ ]지적도 [ ]임야도[ ]토지이용계획확인서[ ]확정일자 부여현황[ ]전입세대확인서 [ ]국세납세증명서[ ]지방세납세증명서[ ]그 밖의 자료( )
	대상물건의 상태에 관한 자료요구 사항	

유의사항		
개업공인중개사의 확인·설명 의무	개업공인중개사는 중개대상물에 관한 권리를 취득하려는 중개의뢰인에게 성실·정확하게 설명하고, 토지대장 등본, 등기사항증명서 등 설명의 근거자료를 제시해야 합니다.	

Ⅰ. 개업공인중개사 기본 확인사항

① 대상물건 의 표시	토 지	소재지				
		면적(㎡)		지 목	공부상 지목	
					실제 이용 상태	
	건축물	전용면적(㎡)			대지지분(㎡)	
		순공년도 (증개축년도)		용 도	건축물대장상 용도	
					실제 용도	
		구 조		방 향		(기준:)
		내진설계 적용여부		내진능력		
		건축물대장상 위반건축물 여부	[ ]위반 [ ]적법	위반내용		

② 권리관계	등기부 기재사항	소유권에 관한 사항		소유권 외의 권리사항	
		토 지		토 지	
		건축물		건축물	

③ 토지이용 계획, 공법상 이용제한 및 거래규제에 관한 사항 (토지)	지역·지구	용도지역			건폐율 상한	용적률 상한
		용도지구			%	%
		용도구역				
	도시·군 계획시설		허가·신고 구역 여부	[ ]토지거래허가구역		
			투기지역 여부	[ ]토지투기지역 [ ]주택투기지역 [ ]투기과열지구		
	지구단위계획구역, 그 밖의 도시·군관리계획			그 밖의 이용제한 및 거래규제사항		

④ 임대차 확인사항	확정일자 부여현황 정보	[ ] 임대인 자료 제출 [ ] 열람 동의	[ ] 임차인 권리 설명
	국세 및 지방세 체납정보	[ ] 임대인 자료 제출 [ ] 열람 동의	[ ] 임차인 권리 설명
	전입세대 확인서	[ ] 확인(확인서류 첨부) [ ] 미확인(열람·교부 신청방법 설명) [ ] 해당 없음	
	최우선변제금	소액임차인범위:　　　만원 이하　최우선변제금액:　　　만원 이하	
	민간임대등록여부	등 록 [ ] 장기일반민간임대주택 [ ] 공공지원민간임대주택 [ ] 그 밖의 유형(　　　　　　　) 임대의무기간　　　　　임대개시일	[ ] 임대보증금 보증 설명
		미등록 [ ]	
	계약갱신요구권 행사 여부	[ ] 확인(확인서류 첨부)　[ ] 미확인　[ ] 해당 없음	

개업공인중개사가 ④ 임대차 확인사항을 임대인 및 임차인에게 설명하였음을 확인함	임대인	(서명 또는 날인)
	임차인	(서명 또는 날인)
	개업공인중개사	(서명 또는 날인)
	개업공인중개사	(서명 또는 날인)

※ 민간임대주택의 임대사업자는 「민간임대주택에 관한 특별법」 제49조에 따라 임대보증금에 대한 보증에 가입해야 합니다.
※ 임차인은 주택도시보증공사(HUG) 등이 운영하는 전세보증금반환보증에 가입할 것을 권고합니다.
※ 임대차 계약 후 「부동산 거래신고 등에 관한 법률」 제6조의2에 따라 30일 이내 신고해야 합니다(신고시 확정일자 자동부여).
※ 최우선변제금은 근저당권 등 선순위 담보물권 설정 당시의 소액임차인범위 및 최우선변제금액을 기준으로 합니다.

⑤ 입지조건	도로와의 관계	(　m × 　m)도로에 접함 [ ] 포장　[ ] 비포장	접근성	[ ] 용이함　[ ] 불편함
	대중교통	버스　(　　　) 정류장,　소요시간: ([ ] 도보　[ ] 차량) 약　　분		
		지하철　(　　　) 역,　소요시간: ([ ] 도보　[ ] 차량) 약　　분		
	주차장	[ ] 없음　[ ] 전용주차시설　[ ] 공동주차시설 [ ] 그 밖의 주차시설 (　　　　)		
	교육시설	초등학교　(　　　) 학교,　소요시간: ([ ] 도보　[ ] 차량) 약　　분		
		중학교　(　　　) 학교,　소요시간: ([ ] 도보　[ ] 차량) 약　　분		
		고등학교　(　　　) 학교,　소요시간: ([ ] 도보　[ ] 차량) 약　　분		

⑥ 관리에 관한 사항	경비실	[ ] 있음　[ ] 없음　관리주체　[ ] 위탁관리 [ ] 자체관리 [ ] 그 밖의 유형
	관리비	관리비 금액: 총　　　원 관리비 포함 비목: [ ] 전기료 [ ] 수도료 [ ] 가스사용료 [ ] 난방비 [ ] 인터넷 사용료 　　　　　[ ] TV 수신료 [ ] 그 밖의 비목(　　　) 관리비 부과방식: [ ] 임대인이 직접 부과 [ ] 관리규약에 따라 부과 　　　　　[ ] 그 밖의 부과 방식(　　　)

⑦ 비선호시설(1km 이내)	[ ] 없음　　　[ ] 있음 (종류 및 위치:　　　　)

⑧ 거래예정금액 등	거래예정금액	
	개별공시지가(㎡당)	건물(주택)공시가격

⑨ 취득시 부담할 조세의 종류 및 세율	취득세	%	농어촌특별세	%	지방교육세	%
	※ 재산세와 종합부동산세는 6월 1일 기준으로 대상물건 소유자가 납세의무를 부담합니다.					

II. 개업공인중개사 세부 확인사항

⑩ 실제 권리관계 또는 공시되지 않은 물건의 권리 사항

⑪ 내부 외부 시설물의 상태 (건축물)	수 도	파손 여부	[ ] 없음　　　　　[ ] 있음 (위치:　　　　　　　　　)	
		용수량	[ ] 정상　　　　　[ ] 부족함 (위치:　　　　　　　　)	
	전 기	공급상태	[ ] 정상　　　　　[ ] 교체 필요 (교체할 부분:　　　　)	
	가 스 (취사용)	공급방식	[ ] 도시가스　　　[ ] 그 밖의 방식 (　　　　　　　　)	
	소 방	단독 경보형 감지기	[ ] 없음 [ ] 있음(수량: 개)	※ 「소방시설 설치 및 관리에 관한 법률」 제10조 및 같은 법 시행령 제10조에 따른 주택용 소방시설로서 아파트(주택으로 사용하는 층수가 5개층 이상인 주택을 말한다)를 제외한 주택의 경우만 적습니다.
	난방방식 및 연료공급	공급방식	[ ] 중앙공급 [ ] 개별공급 [ ] 지역난방　시설작동	[ ] 정상 [ ] 수선 필요 (　　　　) ※ 개별 공급인 경우 사용연한 (　　) [ ] 확인 불가
		종 류	[ ] 도시가스　[ ] 기름　[ ] 프로판가스　[ ] 연탄 [ ] 그 밖의 종류 (　　　　　)	
	승강기		[ ] 있음 ([ ] 양호　[ ] 불량)　[ ] 없음	
	배 수		[ ] 정상　[ ] 수선 필요 (　　　　　　　　　　　)	
	그 밖의 시설물			

⑫ 벽면·바닥면 및 도배 상태	벽 면	균열	[ ] 없음　[ ] 있음 (위치:　　　　　　　　　)
		누수	[ ] 없음　[ ] 있음 (위치:　　　　　　　　　)
	바닥면		[ ] 깨끗함　　[ ] 보통임　　[ ] 수리 필요 (위치:　　　)
	도 배		[ ] 깨끗함　　[ ] 보통임　　[ ] 도배 필요

⑬ 환경조건	일조량	[ ] 풍부함　　[ ] 보통임　　[ ] 불충분 (이유:　　　　　　)	
	소 음	[ ] 아주 작음 [ ] 보통임 [ ] 심한 편임	진 동　[ ] 아주 작음 [ ] 보통임 [ ] 심한 편임

⑭ 현장안내	현장안내자	[ ] 개업공인중개사　[ ] 소속공인중개사 [ ] 중개보조원(신분고지 여부: [ ] 예 [ ] 아니오) [ ] 해당 없음

※ 중개보조원이란 공인중개사가 아닌 사람으로서 개업공인중개사에 소속되어 중개대상물에 대한 현장안내 및 일반서무 등 개업공인중개사의 중개업무와 관련된 단순한 업무를 보조하는 사람을 말합니다.

※ 중개보조원은 「공인중개사법」 제18조의4에 따라 현장안내 등 중개업무를 보조하는 경우 중개의뢰인에게 본인이 중개보조원이라는 사실을 미리 알려야 합니다.

III. 중개보수 등에 관한 사항

⑮ 중개보수 및 실비의 금액과 산출내역	중개보수		〈산출내역〉 중개보수: 실　비: ※ 중개보수는 시·도 조례로 정한 요율 한도에서 중개의뢰인과 개업공인중개사가 서로 협의하여 결정하며 부가가치세는 별도로 부과될 수 있습니다.
	실 비		
	계		
	지급시기		

「공인중개사법」제25조 제3항 및 제30조 제5항에 따라 거래당사자는 개업공인중개사로부터 위 중개대상물에 관한 확인·설명 및 손해배상책임의 보장에 관한 설명을 듣고, 같은 법 시행령 제21조 제3항에 따른 본 확인·설명서와 같은 법 시행령 제24조 제2항에 따른 손해배상책임 보장 증명서류(사본 또는 전자문서)를 수령합니다.

년　　　월　　　일

매도인 (임대인)	주 소		성 명	(서명 또는 날인)
	생년월일		전화번호	
매수인 (임차인)	주 소		성 명	(서명 또는 날인)
	생년월일		전화번호	
개업 공인중개사	등록번호		성명(대표자)	(서명 및 날인)
	사무소 명칭		소속공인중개사	(서명 및 날인)
	사무소 소재지		전화번호	
개업 공인중개사	등록번호		성명(대표자)	(서명 및 날인)
	사무소 명칭		소속공인중개사	(서명 및 날인)
	사무소 소재지		전화번호	

1. 확인 · 설명서 서식 비교

구 분	명 칭		세부사항	I	II	III	IV
기본 확인 사항	① **대상물건의** 표시	토 지	소재지, 지목, 면적	○	○	○	○
		건축물	전용면적, 대지지분, 준공년도 용도, 구조, 방향, 내진설계 적용 내진능력, 위반건축물 여부	○	○	×	
	② **권리관계**	등기부 기재사항	소유권에 관한 사항	○	○	○	○
			소유권 외의 권리사항				
	③ **거래예정** 금액 등		거래예정금액(중개완성 전)	○	○	○	○
			개별공시지가(중개완성 전)	○	○	○	×
			건물(주택)공시가격(중개완성 전)	○	○	×	×
	④ **취득관련** 조세		취득세 · 농특세 · 지방교육세(중개완성 전)	○	○	○	○
			※ 재산세와 종부제는 6월 1일 기준 소유자가 납세의무 부담한다.				
	⑤ **공법상 제한**		지역 · 지구, 건폐율 상한 · 용적률 상한 도시 · 군계획시설, 지구단위계획구역 등	○	○	○	×
	⑥ **입지조건**		도로, 접근성, 대중교통	○	○	○	×
			주차장	○	○	×	×
			교육시설	○	×	×	×
	⑦ **관리에 관한** 사항	경비실(유·무)	관리주체(자체·위탁)	○	○	×	×
		관리비(금액, 비목, 부과방식)		○	×	×	×
	⑧ **비선호시설**		1km 이내	○	×	×	×
	⑨ **임대차** 확인사항		확정일자 부여현황, 국세·지방세 체납정보 전입세대 확인서, 최우선변제금	○	×	×	×
			민간임대등록 여부	○	○	×	×
			계약갱신요구권 행사 여부	○	○	×	×
세부 확인 사항	⑩ **현장**안내		현장안내자, 중개보조원 신분고지 여부	○	×	×	×
	⑪ **실제권리관계** 공시되지 않은 물건의 권리사항			○	○	○	○
	⑫ **내부 · 외부** 시설물 상태		수도 · 전기 · 가스 · 소방(단독경보형감지기 소화전·비상벨) · 난방 · 승강기 · 배수 · 기 타시설	○	○	×	×
	⑬ **벽면 · 바닥면** 도배상태		벽면, 바닥면	○	○	×	×
			도 배	○	×	×	×
	⑭ **환경조건**		일조량 · 소음 · 진동	○	×	×	×
⑮ 중개보수 · 실비			금액·산출내역, 부가세 별도부과, 지급시기	○	○	○	○

2. 확인 · 설명서 정리

모든 서식 공통	주택에만 기재	기본확인사항	세부확인사항	임대차중개시 생략 · 제외
대상물건의 표시 **권리관계**(등기부) 거래예정**금**액 **조세**(취득관련) **실제** 권리관계 **중개보수** · 실비	① 임대차 확인 중 　**확**정일자부여정보 　체납정보(국세 등) 　전입세대 확인서 　최우선변제금 ② 입지조건 중 　**교육**시설 ③ **도배** ④ **환경**조건 　일조 · 소음 · 진동	**대상물건**의 표시 **권리관계** 거래예정**금**액 **조세**(취득관련) **공법**상 제한 **입지**조건 **관리**에 관한 사항 **비**선호시설 **임대차** 확인사항	**현장**안내 **실제** 권리관계 등 **내** · 외부 시설상태 **벽**면 · 바닥면 · 도배 **환경**조건	**공법**상 제한 개별**공**시지가 건물**공**시가격 **조세**(취득)

테마 42 부동산 실권리자명의 등기에 관한 법률

1. 실권리자명의 등기의무(실명등기의무)

누구든지 부동산물권을 명의신탁약정에 의하여 명의수탁자의 명의로 등기하여서는 아니 된다.

2. 명의신탁약정

(1) 명의신탁약정에서 제외되는 경우

> ① 양도담보·가등기담보: 채무의 변제를 담보하기 위하여 채권자가 부동산에 관한 물권을 이전받거나 가등기하는 경우
> ② 상호명의신탁: 부동산의 위치와 면적을 특정하여 2인 이상이 구분소유하기로 하는 약정을 하고 그 구분소유자의 공유로 등기하는 경우
> ③ 「신탁법」 등에 의하여 신탁재산인 사실을 등기한 경우

(2) 명의신탁약정의 효력

① 명의신탁약정에 따라 행하여진 등기에 의한 부동산에 관한 물권변동은 무효로 한다.
② 명의신탁약정 및 그에 따른 등기의 무효는 제3자에게 대항하지 못한다.

(3) 종중 및 배우자·종교단체에 대한 특례

> ① 종중이 보유한 부동산을 종중 외의 자의 명의로
> ② 배우자 명의로
> ③ 산하조직이 보유한 부동산을 종교단체의 명의로 등기한 경우
> ⇨ 조세포탈, 강제집행의 면탈 등을 목적으로 하지 아니하는 때에는 명의신탁약정의 효력·과징금·이행강제금·벌칙 등의 규정을 적용하지 아니한다.

3. 명의신탁의 유형 및 효력

2자간 명의신탁 (이전형)	① 명의신탁약정과 그 등기는 무효 ② 제3자에 처분시 ⇨ 제3자는 선악 불문하고 권리취득 ③ 수탁자의 처분 ⇨ 횡령죄(×)
3자간 명의신탁 (중간생략형)	① 명의신탁약정과 수탁자명의의 등기는 무효이다. ② 신탁자는 매도인을 대위하여 수탁자명의 등기 말소 ⇨ 이전등기 ③ 신탁자는 수탁자를 상대로 대금 상당 부당이득 반환청구권(×) ④ 제3자에 처분시 ⇨ 제3자는 선악 불문하고 권리취득(○), 횡령죄(×) ⑤ 제3자에 처분시 ⇨ 신탁자는 수탁자에게 부당이득반환청구(○)
계약명의신탁 (위임형)	① 명의신탁약정 ⇨ 매도인의 선악 불문 무효 ② 매도인이 선의(매매시)인 경우 ⇨ 매매계약과 등기는 유효 ③ 수탁자가 권리 취득, 신탁자는 수탁자에게 부당이득반환청구(○) ④ 제3자에 처분시 ⇨ 제3자는 선악 불문하고 권리취득(○), 횡령죄(×) ⑤ 매도인이 악의인 경우 ⇨ 명의신탁약정 및 등기는 무효

4. 위반시 제재

(1) 과징금

① 부동산평가액의 30% 이하에 해당하는 금액 ⇨ 명의신탁자 및 장기미등기자

② 과징금을 부과할 것인지 여부는 기속행위에 해당

③ 신탁자가 실명등기를 한 경우 ⇨ 과징금 부과(○)

(2) 이행강제금

① 제1차 이행강제금 : 과징금 부과일부터 1년이 경과한 때 ⇨ 부동산평가액이 10%

② 제2차 이행강제금 : 다시 1년이 경과한 때 ⇨ 부동산평가액이 20%

③ 신탁자가 실명등기를 한 경우 ⇨ 이행강제금 부과(×)

(3) 벌 칙

① 5년 이하의 징역 또는 2억원 이하의 벌금 : 명의신탁자, 장기미등기자

② 3년 이하의 징역 또는 1억원 이하의 벌금 : 명의수탁자

테마 43 주택임대차보호법과 상가건물 임대차보호법의 비교

구 분	주택임대차	상가임대차
환산보증금 초과임대차	보증금 제한×	• 환산보증금 : 90, 69, 54, 37 초과시 • 원칙 : 법 적용× • 예외 : 법 적용○ ⇨ **권 대 표 갱** 3
적용범위	주거용 건축물(계약 당시 주거용)	영업용 건물(사업자 등록)
	• 원칙 : 자연인○	• 자연인·법인 : 적용○
	• 미등기 전세○ • 전세권× • 일시사용이 명백한 임대차× • 사용대차×	• 미등기 전세○ • 전세권× • 일시사용이 명백한 임대차× • 사용대차×
최단기간	기간 정함×, 2년 미만 ⇨ 2년 간주	기간 정함×, 1년 미만 ⇨ 1년 간주
최장기간	제한(×)	제한(×)
차임연체 해지	2기 연체	3기 연체
법정갱신 (묵시적 갱신)	• 임대인 : 만료 전 6개월 ~ 2개월 • 임차인 : ~ **만료 전 2개월** • 효과 : 전임대차와 동일(2년 간주) • 임차인 : 언제든지 해지통지(○)	• 임대인 : 만료 전 6개월 ~ 1개월 • 임차인 : **규정 없음** • 효과 : 전임대차와 동일(1년 간주) • 임차인 : 언제든지 해지통지(○)

임차인의 계약갱신요구권	• 임차인: 만료 전 6개월 ~ 2개월 • 1회에 한하여 허용 • 효과: 전임대차 동일(2년 간주) • 임차인: 언제든지 해지통지(○)	• 임차인: 만료 전 6개월 ~ 1개월 • 최초 기간을 포함 전체 10년 • 효과: 전임대차 동일(기간도 동일) • 임차인: 언제든지 해지통지(×)
대항력	• 대항요건(인도＋주민등록)	• 대항요건(인도＋사업자등록)
우선변제권	• 요건(대항요건＋확정일자) • 임차인: 배당요구 필요(○)	• 요건(대항요건＋확정일자) • 임차인: 배당요구 필요(○)
최우선변제 (1/2 범위 내)	• 요건(경매등기 전에 대항요건) • 임차인: 배당요구 필요(○)	• 요건(경매등기 전에 대항요건) • 임차인: 배당요구 필요(○)
경매신청시 인도	집행개시 요건(×) ⇨ 비워주지 않아도	집행개시의 요건(×) ⇨ 비워주지 않아도
임차권등기명령	○(기간종료 ＋ 보증금 반환×)	○(기간종료 ＋ 보증금 반환×)
권리금 보호	×	○(임대차 만료 전 6개월 ~ 종료시)
임차권 승계	○	×
증액제한	○(연 5%) 시·도 조례로 정함	○(연 5%)
보증금의 월차임 전환	연 10%와 기준금리에 연 2%를 더한 비율 중 낮은 비율 초과금지	연 12%와 기준금리에 4.5배수를 곱한 비율 중 낮은 비율 초과금지
임대차 표준계약서	법무부장관(국토교통부장관과 협의)	법무부장관(국토교통부장관과 협의)
표준 권리금계약서	×	국토교통부장관(법무부장관과 협의)
분쟁조정위원회 설치	① 대한법률구조공단의 지부 　한국토지주택공사의 지사 또는 사무소 　한국부동산원의 지사 또는 사무소에 설치 ⇨ 필수적 ② 시·도(특·광·특자시·도·특자도)에 설치 ⇨ 임의적 ③ 구성: 위원장 1명을 포함하여 5명 이상 30명 이하의 위원(성별 고려) ④ 조정위원 임기 3년, 연임제한(×), 보궐위원 임기: 전임자의 남은 임기	
분쟁조정위원회 심의조정사항	증감 분쟁(차임 또는 보증금) 기간 분쟁(임대차) 반환 분쟁(보증금 또는 차임) 수선 분쟁(임차주택의 유지·수선)	증감 분쟁(차임 또는 보증금) 기간 분쟁(임대차) 반환 분쟁(보증금 또는 차임) 수선 분쟁(임차주택의 유지·수선) 권리금에 관한 분쟁
	비용부담 분쟁(공인중개사보수 등)	비용부담 분쟁(공인중개사보수 등)

테마 44 민사집행법상 경매제도

1. 경매신청과 경매개시결정
① 채무자소유의 **미등기건물**에 대한 강제경매도 가능, **무허가건물**은 강제경매가 불가
② 압류의 효력은 채무자에게 결정이 **송달**된 때 또는 경매개시결정**등기**가 된 때에 생긴다.
③ 강제경매신청을 기각하거나 각하하는 재판에 대하여는 즉시항고를 할 수 있다.
④ 이중경매신청이라도 각하하여서는 아니된다.
⑤ 경매신청이 취하되면 압류의 효력은 소멸된다.

2. 배당요구의 종기 결정·공고
① 배당요구의 종기를 첫 매각기일 이전으로 정하여 공고하여야 한다.
② 배당요구를 한 채권자는 배당요구의 종기가 지난 뒤에 이를 철회하지 못한다.

3. 매각의 준비

4. 매각공고 – 매각기일 및 매각결정기일 지정·공고

5. 매각기일
① 매각방법(3가지): 호가경매, 기일입찰, 기간입찰
② 매수신청(입찰)보증금: **최저매각가격의 10분의 1** ※ 매수신고금액의 10분의 1(×)
③ 차순위매수신고는 **최고가매수신고액에서 그 보증액을 뺀 금액을 넘는 때**에만 할 수 있다.
④ 공유자는 **매각기일**까지 보증을 제공하고 우선매수하겠다는 신고를 할 수 있다.
⑤ 유찰시 ⇨ 저감하여 새매각(신매각)

6. 매각결정기일(매각허가·불허가의 결정)
① **매각허가결정에 대한 항고** ⇨ **매각대금의 10분의 1**에 해당하는 금전 등을 공탁
② 농지취득자격증명은 매각결정기일까지 제출하여야 한다.
③ 불허가 ⇨ 저감하지 않고 새매각(신매각)

7. 대금의 납부
① 매수인은 **대금지급기한**까지 언제든지 매각대금을 납부 가능 ※ **대금지급기일**(×)
② 배당받을 채권자가 매수인인 경우 상계신청 가능
③ 대금미납 ⇨ 재매각(매각조건 동일), 종전 매수인 매수 신청 불가

8. 인도명령
① 대금을 납부 후 6개월 이내 신청 ⇨ 채무자·소유자·점유자
② 다만, 대항할 수 있는 권원에 의한 점유자는 인도명령 대상(×)

01 「공인중개사법」상 용어의 정의에 대한 설명으로 옳은 것은?

① 개업공인중개사란 공인중개사로서 중개사무소 개설등록을 한 자를 말한다.

② 중개행위는 타인 간의 재산상의 거래행위를 보조하는 법률행위이다.

③ 중개는 거래를 알선하는 것이므로 개업공인중개사가 거래당사자 쌍방 모두로부터 중개의뢰를 받아야 중개가 성립된다.

④ 중개행위에 해당하는지 여부는 개업공인중개사의 행위를 객관적으로 보아 사회통념상 중개를 위한 행위라고 인정되는지 여부에 따라 판단하여야 한다.

⑤ 자격증과 등록증을 대여받아 중개사무소를 운영하던 자가 오피스텔을 임차하기 위하여 중개사무소를 방문한 자에게 자신이 오피스텔을 소유하고 있는 것처럼 가장하여 직접 거래당사자로서 임대차계약을 체결한 경우 이는 중개행위에 해당된다.

02 「공인중개사법」상 용어의 정의에 대한 설명으로 옳은 것은?

① 소속공인중개사라 함은 개업공인중개사에 소속된 자로서 개업공인중개사의 중개업무를 보조하는 자를 말한다.

② 중개보조원이라 함은 개업공인중개사에 소속되어 개업공인중개사의 중개업무와 관련된 단순한 업무를 보조하는 자를 말한다.

③ 공매대상 부동산 취득의 알선에 대해서는 공인중개사법령상 중개보수 제한에 관한 규정이 적용된다.

④ 중개법인이 주택이나 상가를 분양대행하거나 부동산개발에 대한 컨설팅을 하면 중개업에 해당한다.

⑤ 부동산 매매계약을 중개하고 계약체결 후 계약금 및 중도금 지급에도 관여한 개업공인중개사가 잔금 중 일부를 횡령한 경우 중개행위에 해당하지 않는다.

03 「공인중개사법」상 중개 및 중개업에 관한 기술로 옳은 것은?

① 금전소비대차계약에 부수하여 저당권설정계약 알선을 업으로 하는 것은 중개업에 해당하지 않는다.

② 부동산 컨설팅행위에 부수하여 일정한 보수를 받고 부동산을 계속·반복적으로 알선한 행위는 중개업에 해당한다.

③ 유·무형의 재산적 가치의 양도에 대하여 권리금을 수수하도록 알선한 것은 중개행위에 해당한다.

④ 우연한 기회에 단 1회 건물 전세계약의 중개를 하였더라도 보수를 받았다면 중개업이라 볼 수 있다.

⑤ 중개대상물의 거래당사자들에게서 보수를 현실적으로 받지 아니하고 단지 보수를 받을 것을 약속하거나 요구하는 데 그친 경우에도 중개업에 해당한다.

04 공인중개사법령상 중개대상물에 관한 설명이다. 옳은 것은?

① 소유권보존의 등기를 받을 수 있는 수목의 집단은 입목등록원부에 등록된 것으로 한정한다.

② 입목등기가 된 경우 해당 입목이 생육하고 있는 토지등기기록 갑구에 입목등기용지가 표시된다.

③ 저당권의 효력은 입목을 벌채한 경우에 그 토지로부터 분리된 수목에 대하여도 미치며, 분리된 수목에 대하여 저당권자는 채권의 기한이 도래하여야 이를 경매할 수 있다.

④ 공장재단의 소유권보존의 등기는 그 등기 후 1년 이내에 저당권설정의 등기를 하지 아니한 경우에는 그 효력을 상실한다.

⑤ 공장재단에 포함된 토지 또는 건물은 해당 부동산등기기록 표제부에 공장재단에 속한 취지가 기재된다.

05 공인중개사법령상 중개대상이 되는 것은 모두 몇 개인가?

> ㉠ 상속된 토지
> ㉡ 도로예정지인 사유지
> ㉢ 부동산유치권
> ㉣ 법정지상권의 성립
> ㉤ 경매개시결정등기가 된 건물
> ㉥ 광업권
> ㉦ 명인방법을 갖추지 않은 수목의 집단
> ㉧ 세차장구조물
> ㉨ 입목에 대한 저당권설정계약
> ㉩ 일정한 요건하에서 택지개발지구 내 이주자택지를 공급받을 수 있는 대토권

① 3개   ② 4개
③ 5개   ④ 6개
⑤ 7개

06 공인중개사법령상 공인중개사 정책심의위원(심의위원회)에 관한 설명 중 옳은 것은?

① 심의위원회의 위원장은 국토교통부장관이 임명한다.
② 심의위원회에서 중개보수 변경에 관한 사항을 심의한 경우에는 시·도지사는 이에 따라야 한다.
③ 심의위원회 위원장이 부득이한 사유로 직무를 수행할 수 없을 때에는 부위원장이 그 직무를 대행한다.
④ 심의위원회 위원장은 위원이 제척사유 중 하나에 해당하는 데에도 불구하고 회피하지 아니한 경우에는 해당 위원을 해촉할 수 있다.
⑤ 국토교통부장관이 직접 공인중개사 자격시험을 시행한 경우에도 시·도지사가 자격증을 교부하여야 한다.

07 공인중개사법령상 공인중개사제도에 관한 설명 중 옳은 것은 모두 몇 개인가?

> ㉠ 국토교통부장관이 실시하는 공인중개사 자격시험에 응시하는 자는 지방자치
>   단체의 조례가 정하는 바에 따라 수수료를 내야 한다.
> ㉡ 공인중개사 자격증의 대여를 알선한 자는 3년 이하의 징역 또는 3천만원 이하
>   의 벌금형에 처한다.
> ㉢ 공인중개사 자격을 취득한 자는 중개업에 종사하지 않더라도 공인중개사라는
>   명칭을 사용할 수 있다.
> ㉣ 무자격자가 공인중개사의 업무를 수행하였는지 여부는 실질적으로 무자격자
>   가 공인중개사 명의를 사용하여 업무를 수행하였는지 여부에 따라 판단하여야
>   한다.
> ㉤ 무자격자의 중개업도 「형법」상 업무방해죄의 보호대상이 되는 업무라고 볼 수
>   있다.

① 1개   ② 2개
③ 3개   ④ 4개
⑤ 5개

08 공인중개사법령상 각종 교육에 관한 설명 중 옳은 것은?

① 법인인 개업공인중개사의 공인중개사 자격이 없는 임원이나 사원은 연수교육을
   받아야 한다.
② 등록관청은 중개보조원에 대한 직무교육을 실시할 수 있다.
③ 실무교육을 실시하려는 시·도지사는 교육일 10일 전까지 교육의 일시·장소·내
   용 등을 대상자에게 통지하여야 한다.
④ 개업공인중개사가 실무교육을 받지 아니한 경우에는 500만원 이하의 과태료에 처
   한다.
⑤ 부동산거래사고 예방교육의 실시는 시·도지사의 고유권한이며, 개업공인중개사
   등을 대상으로 매년 정기적으로 실시하여야 한다.

09 공인중개사법령상 중개사무소 개설등록에 관한 기술로서 옳은 것은?

① 중개사무소 개설등록은 행정청의 재량적 행정행위이므로 요건을 갖춘 등록신청이 있더라도 등록관청은 이를 거부할 수 있다.

② 소속공인중개사도 중개사무소 개설등록을 신청할 수 있다.

③ 부동산중개업을 영위할 목적으로 설립된 「상법」상 회사가 등록을 신청하는 경우 법인 등기사항증명서를 첨부하여야 한다.

④ 공인중개사가 등록을 신청하는 경우에는 중개사무소 확보 증명서류 및 보증설정 증명서류를 첨부하여야 한다.

⑤ 중개사무소는 건축물대장(가설건축물대장 제외)에 기재된 건물에 설치하여야 하며, 사용승인을 받아 건축물대장에 기재가 예정되어 있는 건물도 가능하다.

10 공인중개사법령상 중개사무소 개설등록에 관한 기술로서 옳은 것은?

① 「협동조합 기본법」상 사회적 협동조합도 자본금이 5천만원 이상이면 등록이 가능하다.

② 다른 법률에 따라 중개업을 영위하고자 하는 법인(특수법인)도 대표자가 공인중개사이어야 하며, 임원이 실무교육을 수료하여야 한다.

③ 법인으로 등록을 받으려면 대표자가 공인중개사이어야 하고, 대표자를 포함한 사원·임원의 1/3 이상이 공인중개사이어야 한다.

④ 등록을 신청하는 자는 소유권보존등기가 된 건물에 중개사무소를 확보하되, 해당 건물은 신청자의 소유이어야 하며, 일정 기준면적 이상이고, 중개업에 전용하여야 한다.

⑤ 공인중개사는 업무정지 중인 다른 개업공인중개사의 사무소에 중개사무소의 개설등록을 할 수 없다.

11 공인중개사법령상 중개사무소 개설등록에 관한 기술로서 옳은 것은?

① 법인의 사원·임원은 자격 유무에 관계없이 중개업무를 수행할 수 있고, 이 경우 사원은 합명회사나 합자회사의 유한책임사원을 의미한다.

② 개업공인중개사는 업무정지기간 중에는 이중소속이 허용되지 않으나, 휴업기간 중에는 이중소속이 허용된다.

③ 이중소속금지규정을 위반한 경우 소속공인중개사는 자격정지처분을, 개업공인중개사는 업무정지처분을 받는다.

④ 개업공인중개사가 등록증을 다른 사람에게 양도·대여한 경우 임의적 등록취소사유에 해당한다.

⑤ 종전의 중개사무소를 사실상 폐쇄하고 새로운 중개사무소의 개설등록을 한 경우 종전의 중개사무소의 폐업신고의무를 이행하지 않았다면 이중등록에 해당한다.

12 「공인중개사의 매수신청대리인 등록 등에 관한 규칙」상 설명 중 옳은 것은?

① 공인중개사 자격을 취득한 자는 중개사무소의 개설등록을 하지 않아도 매수신청대리인 등록을 할 수 있다.

② 개업공인중개사의 매수신청대리권의 범위에 불허가에 대한 항고나 인도명령 신청도 포함된다.

③ 매수신청대리인은 매수신청대리업을 3개월을 초과하여 휴업하고자 하는 때에는 감독법원에 그 사실을 미리 신고하여야 한다.

④ 매수신청대리인으로 등록하고자 하는 개업공인중개사인 법인은 그 대표자와 임원 전원이 등록신청일 전 1년 이내에 지방법원장이 실시하는 실무교육을 받아야 한다.

⑤ 매수신청대리행위를 하는 경우 각 대리행위마다 대리권을 증명하는 문서를 제출하여야 하고, 소속공인중개사가 개업공인중개사를 대리하여 출석할 수 있다.

13 「공인중개사의 매수신청대리인 등록 등에 관한 규칙」상 설명 중 틀린 것은?

① 매수신청대리인은 위임인에게 매수신청대리의 대상물에 대한 경제적 가치도 설명하여야 한다.

② 개업공인중개사는 대리대상물 확인·설명서를 사건카드에 철하여 5년간 보관하여야 한다.

③ 개업공인중개사는 원칙적으로 그 사무소의 명칭이나 간판에 법원의 명칭이나 휘장 등을 표시할 수 없다.

④ 개업공인중개사가 중개업의 휴업신고를 한 경우 지방법원장은 기간을 정하여 매수신청대리업무의 정지를 명하여야 한다.

⑤ 지방법원장이 매수신청대리인 등록을 취소하고자 하면 사전에 청문을 거쳐야 한다.

14 「공인중개사의 매수신청대리인 등록 등에 관한 규칙」상 설명 중 틀린 것은?

① 개업공인중개사는 경매 부동산의 매수신청대리인이 된 사건에 대하여는 매수신청을 할 수 없다.

② 중개업 폐업신고에 의하여 매수신청대리인 등록이 취소된 때에는 결격사유에 해당하지 아니한다.

③ 개업공인중개사가 성년후견개시심판을 받은 경우 매수신청대리인 등록이 취소된다.

④ 매각허가결정이 확정되어 매수인으로 된 경우의 경매대리보수는 감정가의 1% 또는 최저매각가격의 1.5% 범위 내에서 당사자의 합의에 의해서 결정한다.

⑤ 개업공인중개사는 근거리교통비·등기부비용 등 통상적 실비도 위임인에게 청구할 수 있다.

15 공인중개사법령에 관한 내용으로 틀린 것은?

① 개업공인중개사가 중개의뢰인과 체결한 법정한도를 초과하는 보수약정은 초과부분이 무효이다.

② 중개사무소 개설등록을 하지 아니하고 중개업을 영위하는 자가 거래당사자와 체결한 중개보수 약정은 그 전부가 무효이다.

③ 무자격자가 우연한 기회에 단 1회 거래행위를 중개한 경우 과다하지 않은 중개보수 약정은 유효하다.

④ 거래당사자가 무등록중개업자에게 중개를 의뢰한 행위는 이 법상 처벌대상이 되지 않는다.

⑤ 공인중개사가 자신명의의 중개사무소에 무자격자로 하여금 자금을 투자하고 이익을 분배받도록 하는 것만으로도 등록증 대여에 해당한다.

16 공인중개사법령상 등록의 결격사유 등에 관한 기술로 옳은 것은?

① 「변호사법」을 위반하여 징역 3년을 선고받고 2년 복역 후 특별사면이 된 자는 즉시 결격사유에서 벗어난다.

② 「도로교통법」 위반으로 징역 3년을 선고받고 2년 복역 후 가석방된 자는 가석방된 때로부터 4년이 경과되어야 결격사유에서 벗어난다.

③ 「식품위생법」을 위반하여 벌금 500만원을 선고받고 1년이 경과된 자는 결격사유에 해당된다.

④ 「공인중개사법」을 위반하여 벌금 100만원을 선고받고 2년이 경과된 자는 결격사유에 해당된다.

⑤ 「공인중개사법」을 위반하여 벌금 500만원의 선고유예를 받은 자는 결격사유에 해당된다.

17 공인중개사법령상 등록의 결격사유 등에 대한 설명으로 옳은 것은?

① 징역 1년에 집행유예 2년을 선고받은 자는 그 유예기간 동안 결격사유에 해당된다.

② 「공인중개사법」 위반으로 과태료처분을 받은 자는 결격사유와 무관하다.

③ 양벌규정에 의하여 벌금 500만원을 선고받은 개업공인중개사는 결격사유에 해당된다.

④ 등록기준 미달로 중개사무소 개설등록이 취소된 자는 결격사유에 해당된다.

⑤ 업무정지처분을 받은 중개법인의 업무정지사유 발생 당시의 중개보조원이었던 자는 해당 법인의 업무정지기간 동안 결격사유에 해당된다.

18 공인중개사법령상 등록의 결격사유에 관하여 옳은 설명은?

① 공인중개사인 개업공인중개사가 결격사유에 해당하는 소속공인중개사를 2개월 이내에 해소하지 않은 경우 등록이 취소된다.

② 법인의 해산을 원인으로 등록이 취소된 경우 해당 법인의 대표자이었던 자는 결격사유에 해당하지 않는다.

③ 개업공인중개사가 파산선고를 이유로 등록이 취소된 경우 등록취소 후 3년간 중개업에 종사할 수 없다.

④ 폐업기간이 1년인 재등록 개업공인중개사가 폐업신고 전의 이중소속을 이유로 등록이 취소된 경우 해당 처분 후 3년간 결격사유에 해당한다.

⑤ 「공인중개사법」상 행정형벌에 규정된 죄와 다른 죄의 경합범에 대하여 벌금형을 선고하는 경우에는 이를 통합 선고하여야 한다.

19 공인중개사법령상 중개사무소에 관한 설명 중 옳은 것은?

① 개업공인중개사는 휴업기간 중이나 업무정지기간 중에도 중개사무소를 두어야 한다.

② 중개사무소는 건축물대장에 기재된 건물에 설치되어야 하고, 해당 건물은 소유권보존등기가 경료된 것이어야 한다.

③ 이중설치금지가 되는 다른 중개사무소는 등록기준을 갖춘 사무소이어야 한다.

④ 이중사무소를 설치한 경우에는 필요적 등록취소사유에 해당한다.

⑤ 개업공인중개사는 휴업기간 중에 중개사무소를 이전할 수 있으나, 업무정지기간 중에는 중개사무소를 이전할 수 없다.

20 공인중개사법령상 분사무소의 설치에 관한 설명으로 옳은 것을 모두 고른 것은?

> ㉠ 다른 법률의 규정에 따라 중개업을 할 수 있는 법인의 분사무소에는 공인중개사를 책임자로 두어야 한다.
> ㉡ 분사무소의 설치신고를 하려는 자는 그 신고서를 주된 사무소의 소재지를 관할하는 등록관청에 제출해야 한다.
> ㉢ 분사무소의 설치신고를 받은 등록관청은 그 신고내용이 적합한 경우에는 국토교통부령이 정하는 신고확인서를 교부해야 한다.
> ㉣ 분사무소 설치신고를 하려는 자는 법인 등기사항증명서를 제출해야 한다.

① ㉠, ㉡　　　　　　　　　　② ㉠, ㉢

③ ㉡, ㉢　　　　　　　　　　④ ㉢, ㉣

⑤ ㉠, ㉡, ㉣

21 서울특별시 종로구에 주된 사무소를 둔 중개법인이 경기도 부천시에 분사무소를 설치
하고자 한다. 다음 설명 중 옳은 것은?

① 분사무소의 설치신고는 부천시장에게 하여야 한다.

② 분사무소 설치신고 수수료는 부천시 조례가 정하는 바에 따라 납부해야 한다.

③ 설치신고를 받은 등록관청은 신고확인서를 교부 후 다음 달 10일까지 공인중개사
협회에 이를 통보하여야 한다.

④ 해당 분사무소에서 세종특별자치시에 소재하는 주택에 대한 거래를 성립시킨 경
우 중개보수는 세종특별자치시 조례가 정하는 바에 따라 받아야 한다.

⑤ 해당 법인의 분사무소가 영업부진으로 폐업하고자 하면 부천시장에게 신고하여야
한다.

22 공인중개사법령상 중개사무소 및 분사무소 이전에 관한 설명이다. 옳은 것은?

① 중개사무소를 관할구역 밖으로 이전한 경우에는 등록관청은 종전의 등록증에 변
경사항을 기재하여 이를 교부할 수 있다.

② 중개사무소를 관할구역 밖으로 이전한 경우 서류의 송부를 요청받은 종전의 등록
관청은 10일 이내에 관련서류를 이전 후의 등록관청에 송부하여야 한다.

③ 이전 전의 등록관청이 이전 후의 등록관청으로 송부하여야 할 서류에는 등록증,
개설등록신청서류, 최근 3년간 행정처분관련서류 등이 있다.

④ 중개사무소를 등록관청 관할구역 밖의 지역으로 이전한 경우 이전신고 전에 발생한
사유로 인한 개업공인중개사에 대한 행정처분은 이전 후의 등록관청이 이를 행한다.

⑤ 분사무소를 관할구역 밖으로 이전한 신고를 받은 등록관청은 이전 후의 분사무소
소재지 관할 등록관청에 등록에 관한 서류를 송부하여야 한다.

23 공인중개사법령상 개업공인중개사의 각종 의무에 관한 설명 중 옳은 것은?

① 개업공인중개사는 중개사무소 안에 실무교육수료증을 게시해야 한다.

② 개업공인중개사는 사무소 명칭에 "공인중개사사무소" 또는 "부동산중개"라는 문
자를 사용하여야 한다.

③ 개업공인중개사가 옥외광고물에 성명을 거짓으로 표기한 경우에는 1년 이하의 징
역이나 1천만원 이하의 벌금에 처해진다.

④ 개업공인중개사가 일간신문을 이용하여 중개대상물의 광고를 함에 있어서는 중개
대상물의 종류별로 소재지, 가격, 면적 등을 명시하여야 한다.

⑤ 개업공인중개사가 아닌 자가 중개대상물의 표시·광고를 한 경우에는 100만원 이
하의 과태료에 처한다.

24 개업공인중개사가 인터넷을 이용하여 중개대상물에 대한 광고를 한 경우에 추가적으로 명시해야 할 사항을 모두 고르면 몇 개인가?

㉠ 중개사무소 명칭	㉡ 중개대상물의 소재지
㉢ 중개사무소 소재지	㉣ 중개대상물의 종류, 거래형태
㉤ 개업공인중개사의 성명	㉥ 중개사무소 등록번호
㉦ 중개보조원에 관한 사항	㉧ 건축물의 경우 그 방향

① 1개   ② 2개
③ 3개   ④ 4개
⑤ 5개

25 개업공인중개사가 「공인중개사법」을 위반한 경우의 제재 중 500만원 이하의 과태료에 처하는 경우는 모두 몇 개인가?

㉠ 중개대상물에 대한 표시·광고시 중개사무소 명칭을 명시하지 아니한 경우
㉡ 중개대상물이 존재하지 않아서 실제로 거래를 할 수 없는 중개대상물에 대한 표시·광고
㉢ 중개대상물에 대한 표시·광고시 중개보조원에 관한 사항을 명시한 경우
㉣ 중개대상물의 가격 등 내용을 사실과 다르게 거짓으로 표시·광고하거나 사실을 과장되게 하는 표시·광고
㉤ 인터넷을 이용한 중개대상물의 표시·광고시 중개대상물의 면적을 명시하지 아니한 경우
㉥ 중개대상물이 존재하지만 실제로 중개할 의사가 없는 중개대상물에 대한 표시·광고

① 1개   ② 2개
③ 3개   ④ 4개
⑤ 5개

26 공인중개사법령상 인터넷을 이용한 중개대상물에 대한 표시 · 광고에 대한 모니터링에 관한 기술로 옳은 것은 모두 몇 개인가?

> ㉠ 국토교통부장관은 중개대상물에 대한 표시 · 광고 모니터링 업무를 「공공기관의 운영에 관한 법률」에 따른 공공기관에 위탁할 수 있다.
>
> ㉡ 모니터링 업무 수탁기관은 기본 모니터링계획서를 매 분기별로 국토교통부장관에게 제출하여야 한다.
>
> ㉢ 모니터링 기관은 기본 모니터링 업무에 따른 결과보고서를 매 분기의 마지막 날부터 15일 이내에 국토교통부장관에게 제출하여야 한다.
>
> ㉣ 국토교통부장관은 제출받은 결과보고서를 시 · 도지사 및 등록관청 등에 통보하고 필요한 조사 및 조치를 요구할 수 있다.
>
> ㉤ 시 · 도지사 및 등록관청 등은 요구를 받으면 신속하게 조사 및 조치를 완료하고, 완료한 날부터 10일 이내에 그 결과를 국토교통부장관에게 통보해야 한다.

① 1개   ② 2개
③ 3개   ④ 4개
⑤ 5개

27 공인중개사법령상 법인인 개업공인중개사가 할 수 있는 업무는 모두 몇 개인가? (단, 다른 법률에 의하여 중개업을 할 수 있는 경우는 제외함)

> ㉠ 상가 및 주택의 임대관리 등 부동산의 관리대행업
> ㉡ 일반인을 대상으로 한 부동산 이용 · 개발 및 거래에 관한 상담업
> ㉢ 일반인을 대상으로 한 중개업의 경영기법제공업
> ㉣ 토지의 분양대행업
> ㉤ 미분양 주택이나 상가의 분양대행업
> ㉥ 주거이전에 부수되는 금융의 알선업
> ㉦ 부동산 개발 · 공급업
> ㉧ 「민사집행법」에 의한 경매대상 부동산에 대한 매수신청대리업

① 2개   ② 3개
③ 4개   ④ 5개
⑤ 6개

28 공인중개사법령상 개업공인중개사의 겸업제한에 관한 설명으로 틀린 것은?

① 개업공인중개사인 법인은 다른 개업공인중개사를 대상으로 경영정보제공업을 영위할 수 있다.

② 법인이 아닌 모든 개업공인중개사는 「민사집행법」에 따른 경매대상 부동산의 매수신청대리를 할 수 있다.

③ 개업공인중개사인 법인이 경매대상 부동산에 대한 권리분석 및 취득의 알선을 하고자 하는 경우에는 법원에 등록을 하지 않아도 된다.

④ 공인중개사인 개업공인중개사는 부동산임대업을 겸업할 수 있으나, 개업공인중개사인 법인은 그러하지 아니하다.

⑤ 개업공인중개사가 공매 대상 부동산에 대한 취득의 알선을 하는 경우 그 보수에는 공인중개사법령상 중개보수 제한에 관한 규정이 적용된다.

29 공인중개사법령상 고용인에 대한 설명 중 옳은 것은 몇 개인가?

ⓐ 고용인의 고용신고는 전자문서로 할 수 있다.

ⓑ 고용신고가 되지 아니한 자는 고용인으로 볼 수 없다.

ⓒ 개업공인중개사가 고용인을 고용한 때에는 10일 이내에 신고하여야 하며, 이를 위반하면 100만원 이하의 과태료에 처한다.

ⓓ 고용신고를 받은 등록관청은 소속공인중개사 또는 중개보조원의 결격사유 해당 여부와 교육수료 여부를 확인하여야 한다.

ⓔ 외국인을 소속공인중개사로 고용한 경우 고용신고시에 자격증 사본을 첨부하여야 한다.

ⓕ 외국인 고용신고시에는 결격사유 미해당 증명서류를 첨부하여야 한다.

① 1개   ② 2개
③ 3개   ④ 4개
⑤ 5개

30 공인중개사법령상 고용인에 대한 설명으로 옳은 것은?

① 개업공인중개사가 중개보조원의 고용인원 제한규정에 위반한 경우 1년 이하의 징역 또는 1천만원 이하의 벌금형에 처한다.

② 해당 중개행위를 한 소속공인중개사는 개업공인중개사와 함께 전속중개계약서에 등록인장으로 서명 및 날인하여야 한다.

③ 소속공인중개사는 중개업무를 수행하는 경우 중개의뢰인에게 본인이 소속공인중개사라는 사실을 미리 알려야 한다.

④ 고용인의 모든 행위는 그를 고용한 개업공인중개사의 행위로 추정한다.

⑤ 중개보조원이 중개의뢰인이 맡겼던 계약금을 횡령한 경우 중개업무와 관련된 행위로 볼 수 없다.

31 공인중개사법령상 개업공인중개사의 고용인에 대한 기술 중 옳은 것은?

① 고용인의 업무상의 과실로 재산상 손해를 입은 중개의뢰인은 고용인이 아닌 개업공인중개사에게만 손해배상을 청구할 수 있다.

② 개업공인중개사의 업무상 행위로 인하여 거래당사자에게 재산상 손해가 발생한 경우 고용인도 연대하여 배상책임을 진다.

③ 중개의뢰인에게 본인이 중개보조원이라는 사실을 미리 알리지 아니한 자는 100만원 이하의 과태료에 처한다.

④ 개업공인중개사가 고용인의 위반행위를 방지하기 위하여 해당업무에 관하여 상당한 주의와 감독을 다한 경우에는 양벌규정의 적용으로 인한 벌금형을 면한다.

⑤ 양벌규정을 적용받아 벌금 500만원을 선고받은 개업공인중개사는 3년간 결격사유에 해당되며, 이로 인하여 등록이 취소된다.

32 공인중개사법령상 인장등록에 관한 기술이다. 옳은 것은?

① 개업공인중개사 및 소속공인중개사는 업무를 개시하기 전에 중개행위에 사용할 인장을 등록관청에 등록하여야 한다.

② 공인중개사인 개업공인중개사의 인장등록은 중개사무소 개설등록신청과 같이 하여야 한다.

③ 모든 개업공인중개사가 등록할 인장은 성명이 나타난 인장으로써 그 크기가 가로 · 세로 각각 7mm 이상 30mm 이내의 것이어야 한다.

④ 법인인 개업공인중개사는 인장등록신고서에 인장을 날인하여 제출하되, 등록신청서에 인장을 날인하여 제출할 수 있다.

⑤ 법인의 분사무소에서 사용할 인장은 대표자가 보증하는 인장이어야 한다.

33 공인중개사법령상 인장등록에 관한 기술 중 옳은 것은?

① 법인인 개업공인중개사가 인장을 등록하는 경우 대표자가 「인감증명법」에 의해 신고한 인장을 등록하여야 한다.

② 개업공인중개사가 등록한 인장을 변경한 경우에는 변경한 날로부터 10일 이내에 인장등록 · 등록인장변경신고서를 제출하여야 한다.

③ 분사무소에서 사용할 인장은 분사무소 소재지 관할 시장 · 군수 · 구청장에게 등록하여야 한다.

④ 소속공인중개사의 인장등록은 전자문서에 의하여 등록할 수 있다.

⑤ 개업공인중개사가 중개를 완성한 경우에는 거래계약서 및 확인 · 설명서에 서명 또는 날인하여야 한다.

34 공인중개사법령상 휴업과 폐업에 관한 설명이다. 옳은 것은?

① 개업공인중개사가 휴업하고자 할 경우 기간에 관계없이 항상 등록관청에 신고하여야 한다.

② 휴업은 6개월을 초과할 수 없으나, 질병으로 인한 요양 등 부득이한 사유가 있는 때에는 6개월의 범위 안에서 기간 연장이 가능하다.

③ 휴업기간의 변경을 하고자 할 경우에는 7일 전에 미리 등록관청에 변경신고를 하여야 한다.

④ 개업공인중개사가 폐업을 하고자 하는 경우에는 폐업신고서에 폐업일, 폐업기간, 폐업사유를 기재하여 등록관청에 제출하여야 한다.

⑤ 관할 세무서장이 「부가가치세법」에 따라 「공인중개사법」상 휴업·폐업신고서를 받아 해당 등록관청에 송부한 경우에는 「공인중개사법」에 의한 휴업·폐업신고서가 제출된 것으로 본다.

35 공인중개사법령상 휴업과 폐업에 관한 설명으로 옳은 것은?

① 휴업·폐업·기간변경·재개신고의 서식은 동일하다.

② 폐업신고 후에 중개업을 다시 하려면 재개신고를 하면 된다.

③ 휴업신고 및 폐업신고는 전자문서에 의하여 할 수 있다.

④ 휴업기간 변경신고를 하고자 하는 개업공인중개사는 신고서에 등록증을 첨부하여야 한다.

⑤ 개업공인중개사가 업무정지처분을 받은 경우 중개사무소에 설치된 간판을 철거하여야 한다.

36 공인중개사법령상 일반중개계약에 관한 설명으로 옳은 것은?

① 중개의뢰인은 중개의뢰내용을 명확하게 하기 위하여 개업공인중개사에게 일반중개계약서의 작성을 요청할 수 있고, 이 경우 개업공인중개사는 일반중개계약서를 작성하여야 한다.

② 등록관청은 일반중개계약서의 표준서식을 정하여 개업공인중개사에게 사용을 권장할 수 있다.

③ 현행 법령상 일반중개계약서의 서식은 정해진 바가 없다.

④ 개업공인중개사가 일반중개계약서를 작성할 경우에는 법정 표준서식을 사용하여야 하고, 이를 3년간 보존하여야 한다.

⑤ 일반중개계약서를 사용하여 중개계약을 체결한 경우라도 중개의뢰인은 다른 개업공인중개사에게 중복하여 중개를 의뢰할 수 있다.

37 공인중개사법령상 전속중개계약에 관한 설명이다. 옳은 것은?

① 전속중개계약을 체결한 개업공인중개사는 전속중개계약서를 작성할 의무는 있으나, 법정 표준서식을 사용할 의무는 없다.

② 개업공인중개사는 전속중개계약서를 5년간 보존하여야 한다.

③ 개업공인중개사는 중개의뢰인이 중개대상물에 관한 정보의 비공개를 요청한 경우라도 필요에 따라 이를 공개할 수 있다.

④ 전속중개계약을 체결한 개업공인중개사는 지체 없이 중개대상물에 관한 정보를 부동산거래정보망에 공개하고, 일간신문에 광고하여 공개하여야 한다.

⑤ 전속중개계약을 체결한 개업공인중개사가 정보망을 선택하여 정보를 공개하는 경우에는 국토교통부장관으로부터 지정받은 정보망에 공개하여야 한다.

38 공인중개사법령상 전속중개계약에 관한 설명으로 옳은 것은?

① 개업공인중개사는 중개의뢰인에게 1주일에 2회 이상 중개업무 처리상황을 문서로써 통지하여야 한다.

② 전속중개계약을 체결한 개업공인중개사는 취득관련조세를 공개하여야 한다.

③ 토지의 임대에 관한 전속중개계약을 체결한 개업공인중개사는 공시지가를 공개하지 않아도 된다.

④ 전속중개계약의 유효기간 중에 중개의뢰인이 다른 개업공인중개사에게 중개를 의뢰하여 거래계약을 체결한 경우 전속개업공인중개사에게 소요비용만 지급하면 된다.

⑤ 전속중개계약의 유효기간 중에 중개의뢰인이 스스로 발견한 상대방과 거래계약을 체결한 경우에는 그가 지불하기로 한 중개보수의 50%를 소요비용으로 지급하여야 한다.

39 공인중개사법령상 부동산거래정보망과 관련한 설명으로 옳은 것은 모두 몇 개인가?

> ㉠ 거래정보사업자로 지정받고자 하는 자는 전국적으로 500인 이상, 2개 이상의 시·도에서 각각 30인 이상의 개업공인중개사를 확보하여야 한다.
>
> ㉡ 거래정보사업자로 지정받고자 하는 자는 개업공인중개사 1인 이상, 정보처리 기사 1인 이상을 확보하여야 한다.
>
> ㉢ 국토교통부장관은 거래정보사업자 지정신청을 받은 때에는 이를 검토하여 3개월 이내에 거래정보사업자 지정 여부를 결정하여야 한다.
>
> ㉣ 거래정보사업자 지정을 신청하는 자는 지정신청서에 운영규정을 제정하여 첨 부하여야 한다.
>
> ㉤ 거래정보사업자로 지정을 받은 자는 운영규정의 제정·승인을 받은 날로부터 1년 내에 부동산거래정보망을 설치, 운영하여야 한다.
>
> ㉥ 거래정보사업자가 운영규정에 위반하여 정보망을 운영한 경우에는 지정이 취 소될 수 있으며, 500만원 이하의 과태료에 처한다.
>
> ㉦ 거래정보사업자인 법인이 해산하여 국토교통부장관이 지정을 취소하는 경우 청문을 거쳐야 한다.

① 1개   ② 2개
③ 3개   ④ 4개
⑤ 5개

40 공인중개사법령상 중개대상물 확인·설명에 대한 기술 중 옳은 것은?

① 개업공인중개사가 중개의뢰를 받은 경우 중개가 완성되기 전에 법령이 정하는 사 항을 확인하여 권리이전 중개의뢰인에게 성실·정확하게 설명하여야 한다.

② 소속공인중개사가 중개의뢰를 받은 경우 해당 소속공인중개사가 확인·설명의무 를 부담한다.

③ 개업공인중개사는 확인·설명사항이 공인전자문서센터에 보관된 경우를 제외하 고는 확인·설명서의 사본을 5년간 보관하여야 한다.

④ 개업공인중개사가 구두로 정확하게 확인·설명을 한 경우에는 확인·설명서를 작 성·교부하지 않은 경우라도 손해배상책임을 부담하지 않는다.

⑤ 개업공인중개사는 중개대상물에 근저당이 설정된 경우 그 채권최고액뿐만 아니라 실제의 피담보채무액까지 조사·확인하여 설명하여야 한다.

41 공인중개사법령상 확인 · 설명의무와 관련된 설명으로 옳은 것은?

① 개업공인중개사가 중개의뢰인으로부터 중개보수를 받지 않고 무상중개를 한 경우에는 확인 · 설명 및 확인 · 설명서 작성의무가 면제된다.

② 해당 중개행위를 한 소속공인중개사는 확인 · 설명서의 작성의무는 부담하지 않으나, 확인 · 설명서에 서명 및 날인의무는 부담한다.

③ 개업공인중개사는 확인 · 설명을 하기 위하여 매도의뢰인 등에게 입지조건 등 중개대상물의 상태에 관한 자료를 요구하여야 한다.

④ 불성실하게 설명하거나 근거자료를 제시하지 아니한 경우 소속공인중개사는 자격정지처분을 받을 수 있으며, 개업공인중개사는 등록이 취소될 수 있다.

⑤ 확인 · 설명서를 작성한 소속공인중개사는 이를 거래당사자에게 교부하고 3년간 보존하여야 한다.

42 공인중개사법령상 확인 · 설명의무에 관한 설명으로 옳은 것은?

① 중개대상물 확인 · 설명서에는 해당 중개행위를 한 소속공인중개사가 있는 경우에는 개업공인중개사와 함께 서명 또는 날인해야 한다.

② 공동중개의 경우, 중개대상물 확인 · 설명서에는 참여한 개업공인중개사 중 1인이 서명 및 날인하면 된다.

③ 소속공인중개사가 확인 · 설명을 함에 있어서 설명의 근거자료를 제시하지 아니한 경우에는 500만원 이하의 과태료에 처한다.

④ 해당 중개행위를 한 소속공인중개사가 확인 · 설명서에 서명 및 날인하지 아니한 경우에는 자격이 취소된다.

⑤ 개업공인중개사는 주택의 임대차계약을 체결하려는 중개의뢰인에게 「국세징수법」에 따라 임대인이 납부하지 아니한 국세의 열람을 신청할 수 있다는 사항을 설명하여야 한다.

43 공인중개사법령상 거래계약서의 작성의무에 관한 설명 중 옳은 것은?

① 개업공인중개사가 중개를 완성한 경우에는 국토교통부장관이 권장하는 표준서식을 사용하여 거래계약서를 작성하여야 한다.

② 거래계약서에는 공법상 제한, 취득관련 조세, 거래예정금액, 중개보수를 필수적으로 기재하여 거래당사자 쌍방에게 이를 교부하여야 한다.

③ 단순한 업무를 보조한 중개보조원도 거래계약서 및 확인 · 설명서에 개업공인중개사와 함께 서명 및 날인하여야 한다.

④ 공동중개에 의하여 거래계약이 체결된 경우에는 공동개업공인중개사가 각각 거래계약서에 서명 및 날인하여야 한다.

⑤ 개업공인중개사가 거래계약서 작성시 거래금액 등을 거짓으로 기재하거나 이중계약서를 작성한 경우에는 필요적 등록취소사유에 해당한다.

44 공인중개사법령상 각종 문서에 관한 설명 중 틀린 것은?

① 국토교통부장관은 거래계약서나 일반중개계약서의 표준이 되는 서식을 정하여 이의 사용을 권장할 수 있다.

② 일반중개계약서, 전속중개계약서, 확인·설명서는 모두 법정서식이 있으나, 거래계약서는 법정서식이 없다.

③ 일반중개계약서의 작성 여부는 임의사항에 속하나, 전속중개계약서는 개업공인중개사가 필수적으로 법정서식에 의하여 작성하여야 한다.

④ 거래계약서는 5년을 보존하여야 하나, 확인·설명서 및 전속중개계약서는 3년을 보존하여야 한다.

⑤ 거래계약서의 보존의무를 위반한 개업공인중개사는 100만원 이하의 과태료에 처한다.

45 공인중개사법령상 손해배상책임에 관한 기술이다. 옳은 것은?

① 개업공인중개사 등이 아닌 제3자의 중개행위로 거래당사자에게 재산상 손해가 발생한 경우 이 법에 따른 손해배상책임을 진다.

② 개업공인중개사의 중개행위로 인한 손해배상책임은 과실책임이나, 중개사무소를 타인에게 제공한 것에 대한 책임은 무과실책임이다.

③ 개업공인중개사는 거래당사자에 대하여 업무보증금 범위 내에서 손해배상책임을 진다.

④ 고용인의 업무상 행위로 개업공인중개사에게 손해배상책임이 발생한 후 공제금이 지급되었다면 공제조합은 고용인을 상대로 구상권을 행사할 수 있다.

⑤ 중개의뢰인의 개업공인중개사에 대한 손해배상청구권은 손해 및 가해자를 안 날로부터 10년간 청구권을 행사하지 않으면 시효로 소멸한다.

46 공인중개사법령상 손해배상책임과 업무보증에 관한 설명으로 옳은 것은?

① 업무보증은 등록 후 10일 이내에 설정하여야 하며, 보증의 종류를 변경하는 경우에는 이미 설정한 보증의 효력이 있는 기간 중에 하여야 한다.

② 공인중개사인 개업공인중개사가 공제에 가입하여 업무보증을 설정하고자 할 경우 공제금 2억원을 협회에 납부하여야 한다.

③ 업무보증을 설정한 개업공인중개사는 예외 없이 등록관청에 설정신고를 하여야 한다.

④ 공탁을 한 개업공인중개사가 사망한 경우에는 3년간 공탁금을 회수할 수 없으나, 폐업한 경우에는 즉시 공탁금을 회수할 수 있다.

⑤ 휴업기간(업무정지기간) 중에 보증기간이 만료된 경우 휴업기간(업무정지기간) 만료 전에만 보증을 재설정하여 업무를 개시하면 된다.

47 공인중개사법령상 업무보증설정에 관련된 기술이다. 옳은 것은?

① 중개법인은 분사무소를 설치할 때마다 2억원 이상의 보증을 주된 사무소와 별도로 설정하여야 한다.

② 보증금을 지급받고자 하면 손해배상합의서, 거래계약서 사본, 확인·설명서 사본 등을 첨부하여 보증기관에 손해배상금의 지급을 청구하여야 한다.

③ 보증보험금이나 공제금으로 손해배상금을 지급한 개업공인중개사는 15일 이내에 보증을 재설정하거나 부족금을 보전하여야 한다.

④ 공탁금으로 손해배상금을 지급한 개업공인중개사는 15일 이내에 공탁금 중 부족금을 보전하거나 보증보험이나 공제로 변경하여 업무보증을 설정할 수 있다.

⑤ 중개행위 당시의 보증기관과 손해발생 당시의 보증기관이 서로 상이한 경우 손해발생 당시의 보증기관에 보증금 지급을 신청하여야 한다.

48 공인중개사법령상 계약금 등의 예치권고제도에 관한 설명 중 옳은 것은?

① 계약금 등을 개업공인중개사 명의로 금융기관 등에 예치한 경우 해당 개업공인중개사는 자기의 개인예금통장에 함께 관리할 수 있다.

② 계약금 등이 개업공인중개사 명의로 예치된 경우 해당 개업공인중개사는 거래당사자의 동의를 받아 계약금 등을 인출할 수 있다.

③ 계약금 등을 예치한 경우 매도인·임대인 등은 법령상 인정된 보증서를 계약금 등의 예치기관에 교부하고 계약금 등을 미리 수령할 수 있다.

④ 개업공인중개사가 계약금 등의 반환채무이행 보장업무를 수행한 경우에는 권리이전 중개의뢰인으로부터 소요실비를 받을 수 있다.

⑤ 개업공인중개사는 자신의 명의로 계약금 등을 예치함에 있어서 관련의무를 위반한 경우 등록이 취소될 수 있다.

49 「공인중개사법」 제33조 제1항의 개업공인중개사 등의 금지행위에 관한 기술로 옳은 것은?

① 분양권의 매매업은 금지행위에 해당되지 않는다.

② 법정한도를 초과하는 금품수수 금지규정은 단속규정에 해당된다.

③ 중개의뢰인과 단 1회 매매계약을 체결하는 것은 금지행위에 해당되지 않는다.

④ 중개의뢰인과의 직접거래 금지규정은 효력규정에 해당된다.

⑤ 개업공인중개사가 매도의뢰인으로부터 대리권을 수여받고 매수의뢰인과 계약을 체결하는 행위는 금지행위에 해당되지 않는다.

50 「공인중개사법」 제33조 제1항의 개업공인중개사 등의 금지행위에 해당하는 것은 모두 몇 개인가?

> ㉠ 개업공인중개사가 부동산 소유자를 대리한 중개의뢰인과 해당 부동산을 거래한 행위
>
> ㉡ 중도금의 일부만 납부된 분양권 전매를 중개한 개업공인중개사가 중개보수를 총 분양금액에 프리미엄을 합산한 금액으로 계산하여 받은 행위
>
> ㉢ 개업공인중개사가 다른 개업공인중개사의 중개로 부동산을 매수하여 또 다른 개업공인중개사의 중개로 매도한 행위
>
> ㉣ 법령의 규정에 의하여 전매 등 권리의 변동이 제한되어 있으나 전매차익이 없다 하여 부동산의 전매를 중개한 행위
>
> ㉤ 개업공인중개사가 토지소유자와 택지조성·분양계약을 체결하고 분양에 따른 수익금을 챙긴 행위
>
> ㉥ 개업공인중개사가 토지와 건물의 임차권 및 권리금·시설비의 교환계약을 중개하고 그 사례 명목으로 포괄적으로 금원을 받는 행위

① 1개   ② 2개
③ 3개   ④ 4개
⑤ 5개

51 「공인중개사법」상 '부동산거래질서 교란행위'에 해당하는 것은 모두 몇 개인가?

> ㉠ 개업공인중개사가 이중으로 중개사무소의 개설등록을 한 행위
>
> ㉡ 개업공인중개사가 부당한 이익을 얻을 목적으로 거짓으로 거래가 완료된 것처럼 꾸미는 등 중개대상물의 시세에 부당한 영향을 주거나 줄 우려가 있는 행위
>
> ㉢ 누구든지 안내문, 온라인 커뮤니티 등을 이용하여 특정 개업공인중개사 등에 대한 중개의뢰를 제한하거나 제한을 유도하는 행위
>
> ㉣ 개업공인중개사가 중개대상물이 존재하지 않아서 실제로 거래를 할 수 없는 중개대상물에 대한 표시·광고를 하는 행위
>
> ㉤ 개업공인중개사가 등록하지 않은 인장을 사용하는 행위

① 1개   ② 2개
③ 3개   ④ 4개
⑤ 5개

52 공인중개사법령상 부동산거래질서 교란행위 신고센터에 관한 설명으로 옳은 것은 모두 몇 개인가?

> ㉠ 국토교통부장관은 부동산거래질서 교란행위를 방지하기 위하여 부동산거래질서교란행위 신고센터를 설치·운영할 수 있다.
> ㉡ 신고센터는 제출받은 신고사항에 대해 시·도지사 및 등록관청 등에 조사 및 조치를 요구해야 한다.
> ㉢ 조사 및 조치 요구를 받은 시·도지사 및 등록관청 등은 신속하게 조사 및 조치를 완료하고, 완료한 날부터 15일 이내에 그 결과를 신고센터에 통보해야 한다.
> ㉣ 신고센터는 시·도지사 및 등록관청 등으로부터 처리결과를 통보받은 경우 신고인에게 신고사항 처리결과를 통보해야 한다.
> ㉤ 국토교통부장관은 신고센터의 업무를 한국토지주택공사에 위탁한다.

① 1개   ② 2개
③ 3개   ④ 4개
⑤ 5개

53 공인중개사법령상 중개보수의 범위 등에 관한 기술이다. 옳은 것은?
① 중개보수는 거래행위가 무효·취소 또는 해제된 경우에는 받을 수 없다.
② 상가의 중개보수의 한도는 국토교통부령이 정하는 범위 안에서 시·도의 조례로 정한다.
③ 분사무소에서 주택에 관한 거래완성시에는 주사무소 소재지관할 시·도의 조례가 정하는 바에 따라 중개보수를 받아야 한다.
④ 토지의 임대차를 중개한 개업공인중개사는 거래당사자 일방으로부터 거래가액의 0.9% 범위 내에서 중개보수를 받을 수 있다.
⑤ 개업공인중개사가 주택 임대차계약을 알선한 경우 임대인으로부터 거래금액의 0.9% 범위 내에서 중개보수를 받을 수 있다.

54 공인중개사법령상 중개보수와 실비 등에 관한 기술이다. 옳은 것은?

① 환산합산보증금이 5천만원 미만인 임대차인 경우에는 주택에 한하여 월 차임액에 70을 곱한 금액의 합계액을 거래금액으로 한다.

② 중개대상물인 건축물이 주거용의 면적과 비주거용의 면적이 동일한 경우는 비주거용 건축물에 관한 중개보수규정을 적용한다.

③ 주거용 오피스텔(전용면적 90m²)의 중개보수는 일방으로부터 매매·교환은 0.5%, 임대차 등은 0.4% 범위에서 중개보수를 결정한다.

④ 중개보수의 지급시기는 개업공인중개사와 중개의뢰인 간의 약정에 따르되, 약정이 없을 때에는 거래계약이 체결된 날로 한다.

⑤ 중개대상물의 권리관계 등의 확인에 소요되는 실비는 영수증을 첨부하여 매도·임대 그 밖의 권리를 이전하고자 하는 중개의뢰인에게 청구할 수 있다.

55 공인중개사법령상 포상금제도에 관한 기술로 옳은 것은?

① 수사기관에 거짓 그 밖의 부정한 방법으로 등록한 자를 신고·고발한 자에 대하여는 수사기관이 포상금을 지급한다.

② 포상금은 1건당 50만원으로 하며, 소요비용 중 국고에서 보조할 수 있는 비율은 100분의 50 이내로 한다.

③ 포상금은 신고·고발 대상자에 대한 형사소송에서 징역형이나 벌금형이 확정되어야 지급한다.

④ 등록관청은 포상금지급신청이 있는 때에는 신청일부터 2개월 이내에 포상금을 지급하여야 한다.

⑤ 등록관청은 하나의 사건에 대하여 2건 이상의 신고 또는 고발이 접수된 경우에는 각 신고인에게 법정포상금을 지급한다.

56 공인중개사법령상 포상금 관련 신고·고발 대상이 되는 위반행위는 모두 몇 가지인가?

> ㉠ 공인중개사 자격을 부정한 방법으로 취득한 행위
> ㉡ 개업공인중개사가 중개대상물이 존재하지 않아서 실제로 거래를 할 수 없는 중개대상물에 대한 표시·광고를 하는 행위
> ㉢ 개업공인중개사가 아닌 자가 중개대상물에 대한 표시·광고하는 행위
> ㉣ 개업공인중개사 등이 법정보수 또는 실비를 초과하여 금품을 받는 행위
> ㉤ 개업공인중개사 등이 중개의뢰인과 직접거래를 하거나 거래당사자 쌍방을 대리하는 행위
> ㉥ 개업공인중개사 등이 부당한 이익을 얻을 목적으로 중개대상물의 시세에 부당한 영향을 주거나 줄 우려가 있는 행위
> ㉦ 개업공인중개사 등이 단체를 구성하여 특정 중개대상물에 대하여 중개를 제한하거나 단체 구성원 이외의 자와 공동중개를 제한하는 행위
> ㉧ 안내문, 온라인 커뮤니티를 이용하여 특정 가격 이하로 중개를 의뢰하지 아니하도록 유도하는 행위를 함으로써 개업공인중개사의 업무를 방해하는 행위

① 1개　　　　　　　　　　② 2개
③ 3개　　　　　　　　　　④ 4개
⑤ 5개

57 공인중개사법령상 공인중개사협회에 대한 설명 중 옳은 것은?

① 협회에 관하여 이 법에 규정된 것 외에는 「민법」 중 재단법인에 관한 규정이 적용된다.
② 협회는 회원 300인 이상이 발기인이 되어 정관을 작성하여 창립총회의 의결을 거친 후 국토교통부장관의 허가를 받음으로써 성립한다.
③ 협회는 주된 사무소를 서울특별시에 두어야 하고, 정관이 정하는 바에 따라 특별시·광역시·도에 지부, 시·군·구에 지회를 두어야 한다.
④ 협회의 지부나 지회를 설치한 경우에는 국토교통부장관에게 신고하여야 한다.
⑤ 공인중개사협회의 지부·지회에 대한 감독은 국토교통부장관이 행한다.

58 공인중개사법령상 공인중개사협회에 대한 설명 중 옳은 것은?

① 협회가 공제사업 운용실적 공시의무를 위반한 경우에는 100만원 이하의 과태료에 처한다.

② 국토교통부장관은 협회의 임원이 공제사업을 불건전하게 운영할 우려가 있는 경우 그 임원에 대한 징계·해임을 요구할 수 있다.

③ 공제사업운영위원회는 국토교통부에 두며, 위원의 수는 총 19명 이내로 한다.

④ 운영위원회는 성별을 고려하여 구성하되, 협회 회장과 협회 임원 중에서 선임된 위원은 전체 위원 수의 2분의 1 미만으로 한다.

⑤ 공제사업 운영위원회의 위원 중 공무원인 자와 협회 회장을 제외한 위원의 임기는 3년으로 하고, 연임할 수 없다.

59 공인중개사법령상 공인중개사협회의 공제사업에 관한 기술로 옳은 것은?

① 협회가 공제사업을 하고자 하면 공제규정을 제정하여 국토교통부장관에게 보고하여야 하다.

② 공제사업과 관련된 책임준비금의 적립비율은 협회 총수입액의 100분의 20 이상으로 정한다.

③ 책임준비금을 전용한 경우에는 국토교통부장관에게 보고하여야 한다.

④ 지급여력비율은 지급여력금액을 지급여력기준금액으로 나눈 비율로 하되, 100% 이상으로 유지하여야 한다.

⑤ 공제계약 당시에 공제사고의 발생이 확정되어 있는 것을 대상으로 한 협회와 개업공인중개사 간의 공제계약도 유효하게 성립할 수 있다.

60 공인중개사법령상 행정처분절차에 관한 기술이다. 옳은 것은?

① 무등록중개업자 및 중개보조원은 행정처분의 대상자는 아니나, 행정형벌의 대상자가 될 수는 있다.

② 등록관청이 개업공인중개사에 대하여 업무정지처분을 하고자 하면 청문절차를 거쳐야 한다.

③ 등록관청은 법인의 해산을 이유로 등록을 취소하는 경우 사전에 청문을 거쳐야 한다.

④ 등록관청이 개업공인중개사에 대하여 등록취소처분을 한 때에는 이를 5일 이내에 시·도지사에게 보고하여야 한다.

⑤ 시·도지사가 자격취소·자격정지처분을 한 경우에는 10일 이내에 협회에 통보하여야 한다.

61 공인중개사법령상 행정처분에 관한 기술로 옳은 것은?

① 등록취소나 업무정지처분을 받은 자는 7일 이내에 등록증을 반납하여야 한다.

② 개인인 개업공인중개사의 사망으로 등록이 취소된 경우에도 등록증을 반납하여야 한다.

③ 휴업 · 폐업신고를 하거나 중개사무소 이전신고를 하는 경우에는 자격증을 반납하지 않아도 된다.

④ 자격증교부 시 · 도지사와 사무소 소재지관할 시 · 도지사가 서로 다른 경우에는 자격증교부 시 · 도지사가 자격취소나 자격정지처분에 필요한 절차를 모두 이행하여야 한다.

⑤ 개업공인중개사에게 등록취소사유가 발생한 날부터 3년이 경과한 때에는 해당 행정처분을 할 수 없다.

62 공인중개사법령상 행정처분 및 벌칙에 관한 내용으로 옳은 것은?

① 폐업신고 전의 업무정지사유 또는 과태료처분사유로 행한 처분의 효과는 폐업일로부터 1년간 재등록한 개업공인중개사에게 승계된다.

② 재등록개업공인중개사가 폐업신고 전에 등록취소사유에 해당하는 위반행위를 한 경우라도 폐업기간이 1년을 초과한 경우에는 해당 행정처분을 할 수 없다.

③ 재등록개업공인중개사가 폐업신고 전의 위법행위로 인하여 등록이 취소된 경우에는 3년간 결격사유에 해당된다.

④ 공인중개사가 자격취소처분을 받으면 3년간 결격사유에 해당되며, 자격취소 후 3년간 공인중개사 시험에 응시할 수 없다.

⑤ 국토교통부장관, 시 · 도지사, 등록관청이 과태료처분을 하고자 하면 사전에 청문절차를 거쳐야 한다.

63 공인중개사법령 위반에 대한 제재에 관한 기술로 옳은 것은?

① 위반행위가 둘 이상인 경우에는 각 업무정지기간을 합산한 기간을 넘지 않는 범위에서 가장 무거운 처분기간의 2분이 1 범위에서 가중한다.

② 등록관청이 업무정지기간을 가중하는 경우에도 총 업무정지기간을 9개월까지 가중할 수 있다.

③ 등록관청은 위반행위가 사소한 부주의나 오류 등 과실로 인한 것으로 인정되는 경우에는 개별기준에 따른 업무정지기간의 2분의 1의 범위에서 늘릴 수 있다.

④ 과태료의 부과기준은 국토교통부령이 정한 바에 의한다.

⑤ 과태료를 체납하고 있는 위반행위자에 대해서도 과태료 금액을 줄일 필요가 있다고 인정되는 경우에는 개별기준에 따른 과태료 금액의 2분의 1의 범위에서 그 금액을 줄일 수 있다.

64 공인중개사법령상 과태료 부과대상자가 아닌 것은?

① 연수교육을 정당한 사유 없이 받지 아니한 소속공인중개사
② 휴업신고를 하지 아니하고 4개월을 휴업한 개업공인중개사
③ 공인중개사 자격취소에 따른 자격증을 반납하지 아니한 자
④ 중개대상물에 대한 표시·광고시 중개보조원에 관한 사항을 명시한 개업공인중개사
⑤ 개업공인중개사가 아닌 자로서 중개업을 하기 위하여 중개대상물에 대한 표시·광고를 한 자

65 각종 공인중개사법령 위반시 제재의 부과권자, 부과대상자, 부과내용, 제재가 옳게 연결된 것은?

① 등록관청 - 자격취소 후 자격증 미반납한 자 - 100만원 이하의 과태료
② 시·도지사 - 성실하게 확인·설명을 하지 않은 소속공인중개사 - 500만원 이하의 과태료
③ 시·도지사 - 간판철거의무 위반 개업공인중개사 - 100만원 이하의 과태료
④ 등록관청 - 고용신고의무를 위반한 개업공인중개사 - 업무정지처분
⑤ 국토교통부장관 - 정당한 사유 없이 광고관련 모니터링을 위하여 요구한 자료의 제출에 불응한 정보통신서비스 제공자 - 100만원 이하의 과태료

66 부동산 거래신고 등에 관한 법령상 부동산거래 신고대상은 모두 몇 개인가?

> ㉠ 전용면적 $60m^2$인 아파트 매매계약
> ㉡ 토지나 건축물의 지분 매매계약
> ㉢ 입목·공장재단·광업재단의 매매계약
> ㉣ 토지나 건축물의 교환계약
> ㉤ 상속·경매에 의한 부동산 등의 취득
> ㉥ 상가건물에 대한 임대차계약
> ㉦ 「건축법」에 따른 부동산 공급계약
> ㉧ 「빈집 및 소규모주택 정비에 관한 특례법」에 따른 사업시행계획의 인가로 인하여 취득한 입주자로 선정된 지위의 매매계약

① 1개   ② 2개
③ 3개   ④ 4개
⑤ 5개

67 부동산 거래신고 등에 관한 법령에 관한 기술로 옳은 것은?

① 건축물의 매매계약을 체결한 거래당사자는 잔금지급일로부터 60일 이내에 공동으로 부동산거래신고를 하여야 한다.

② 거래당사자 중 일방이 지방자치단체인 경우 거래당사자는 공동으로 신고하여야 한다.

③ 부동산거래신고 대상계약은 매매·교환·증여 등이다.

④ 중개거래의 경우 거래당사자 일방이 국가 등인 경우라도 개업공인중개사가 신고하여야 한다.

⑤ 개업공인중개사의 부동산거래신고의 관할청은 중개사무소 소재지 관할 등록관청이다.

68 부동산 거래신고 등에 관한 법령상 부동산거래신고제에 관한 설명으로 옳은 것은?

① 공인중개사법령상 모든 중개대상물의 매매계약은 부동산거래신고를 해야 한다.

② 토지거래허가구역 내의 토지에 대하여 허가를 받아 매매계약이 체결된 경우 거래당사자는 부동산거래신고를 하지 않아도 된다.

③ 외국인 등이 취득특례규정상 취득허가를 받은 경우 부동산거래신고를 하지 않아도 된다.

④ 공동중개에 의하여 부동산 등에 대한 매매계약이 체결된 경우에는 해당 개업공인중개사가 공동으로 부동산거래신고를 하여야 한다.

⑤ 거래당사자의 주소·전화번호의 사항을 정정하는 경우에는 해당 거래당사자가 신고필증에 공동으로 서명 또는 날인하여 정정신청을 하여야 한다.

69 부동산 거래신고 등에 관한 법령상 부동산거래신고제에 관한 기술이다. 옳은 것은?

① 개업공인중개사의 신고서 제출을 대행하는 소속공인중개사는 개업공인중개사의 신분증 사본이 첨부된 위임장을 신고관청에 제출하여야 한다.

② 매수인 외의 자가 자금조달·입주계획서를 제출하는 경우 매수인은 신고하려는 자에게 거래계약 체결일부터 30일 이내에 계획서를 제공하여야 한다.

③ 거래당사자 중 매수인이 국가 등인 경우에는 국가 등이 거래대상 주택의 취득에 필요한 자금조달계획과 입주계획을 신고하여야 한다.

④ 「주택법」상 투기과열지구 또는 조정대상지역 이외의 지역에 소재하는 실제 거래가격이 5억원인 주택의 매수인은 자금조달계획 및 지급방식과 주택의 이용계획을 신고사항에 포함시켜야 한다.

⑤ 투기과열지구에 소재하는 주택의 매수인은 거래가액을 불문하고 자금조달계획을 증명하는 서류로서 국토교통부령이 정하는 서류를 별도로 제출하여야 한다.

70 부동산 거래신고 등에 관한 법령상 부동산거래신고제에 관한 기술로 틀린 것은?

① 법인이 주택거래계약을 체결한 경우에는 법인의 등기현황 및 법인과 거래상대방 간의 관계를 신고사항에 포함시켜야 한다.

② 법인이 주택의 매수자인 경우에는 주택 취득목적 및 취득자금 등에 관한 사항을 신고사항에 포함시켜야 한다.

③ 「수도권정비계획법」상 수도권에 소재하는 실제 거래가격 3억원인 토지를 매수하는 자는 취득자금조달계획과 이용계획을 신고사항에 포함시켜야 한다.

④ 단독으로 해제 등을 신고하려는 자는 판결문 등 해제 등이 확정된 사실을 입증할 수 있는 서류와 단독신고사유서를 첨부하여 신고관청에 제출해야 한다.

⑤ 개업공인중개사가 부동산거래신고를 한 후 거래계약이 해제 등이 된 경우 해당 개업공인중개사가 해제등의 신고를 하여야 한다.

71 부동산 거래신고 등에 관한 법령상 부동산거래계약신고서 작성에 관한 설명으로 옳은 것은 모두 몇 개인가?

> ㉠ 거래당사자가 외국인인 경우 거래당사자의 국적을 반드시 기재하여야 한다.
> ㉡ 거래당사자가 다수인 경우 매수인 또는 매도인 각자의 거래지분 비율을 표시한다.
> ㉢ 외국인 등이 부동산 등을 매수하는 경우 매수용도를 적어야 한다.
> ㉣ 거래대상 면적에는 실제 거래면적을 계산하여 적되, 집합건축물의 경우 연면적을 기재한다.
> ㉤ 최초 공급계약 또는 전매계약의 경우 각각의 비용에 부가가치세가 있는 경우 부가가치세를 제외한 금액으로 기재한다.
> ㉥ 둘 이상의 부동산을 함께 거래하는 경우에는 물건별 거래가격란에는 합산액을 기재한다.

① 1개 ② 2개

③ 3개 ④ 4개

⑤ 5개

72 부동산 거래신고 등에 관한 법령상 주택임대차신고제에 관한 기술로 옳은 것은 모두 몇 개인가?

> ㉠ 보증금 6천만원 이상이고, 월차임 30만원 이상인 주택 임대차계약에 한하여 신고대상이며, 보증금·차임의 증감 없는 갱신계약도 신고해야 한다.
> ㉡ 주택 임대차계약을 체결한 당사자 중 일방이 국가 등인 경우 거래당사자가 공동으로 신고하여야 한다.
> ㉢ 주택 임대차계약을 중개한 개업공인중개사는 단독으로 주택 임대차계약 신고를 하여야 한다.
> ㉣ 주택 임대차계약을 신고할 때 계약을 갱신한 경우 계약갱신요구권 행사 여부는 신고사항에 해당한다.
> ㉤ 주택임차인이 「주민등록법」에 따라 전입신고를 한 경우에도 이 법에 따른 주택임대차계약의 신고를 별도로 하여야 한다.
> ㉥ 계약당사자는 주택 임대차신고를 한 후 보증금·차임 등 임대차가격이 변경된 때에는 변경이 확정된 날부터 30일 이내에 공동으로 신고하여야 한다.

① 1개
② 2개
③ 3개
④ 4개
⑤ 5개

73 부동산 거래신고 등에 관한 법령 위반에 따른 제재로서 옳은 것은?

① 부동산 거래신고를 하지 아니한 자 ⇨ 100만원 이하의 과태료
② 부동산 거래신고에 대하여 거짓신고를 조장한 자 ⇨ 해당 부동산 등의 취득가액의 100분의 10 이하의 과태료
③ 신고 의무자가 아닌 자로서 거짓된 내용의 부동산 거래신고를 한 자 ⇨ 500만원 이하의 과태료
④ 신고내용의 조사 등에 위반하여 거래대금 지급증명자료를 제출하지 아니하거나 거짓으로 제출한 자 ⇨ 3천만원 이하의 과태료
⑤ 부당하게 재물이나 재산상 이득을 취득할 목적으로 부동산 매매계약을 체결하지 아니하였음에도 불구하고 거짓으로 부동산 거래신고를 한 자 ⇨ 3천만원 이하의 과태료

74 부동산 거래신고 등에 관한 법령상 부동산거래신고제와 관련하여 위반행위를 자진 신고한 자에 대하여 과태료를 감면할 수 있다. 해당되는 자는 모두 몇 명인가?

> ㉠ 부동산 거래신고를 하지 아니한 자
> ㉡ 부동산 거래신고를 거짓으로 한 자
> ㉢ 거짓으로 부동산 거래신고를 하도록 조장·방조한 자
> ㉣ 거래대금지급증명자료를 제출하지 아니한 자
> ㉤ 부동산거래 신고대상 계약을 체결하지 아니하였음에도 불구하고 거짓으로 부동산 거래신고를 하는 행위를 한 자

① 1명 ② 2명
③ 3명 ④ 4명
⑤ 5명

75 부동산 거래신고 등에 관한 법령상 부동산거래신고제와 관련한 포상금제도에 대한 기술로 옳은 것은?

① 신고관청은 거래대금지급증명자료를 제출하지 아니한 자를 신고·고발한 자에게 포상금을 지급할 수 있다.

② 신고의무자인 개업공인중개사로서 부동산 등의 실제 거래가격을 거짓으로 신고한 자를 신고·고발한 자는 포상금을 지급받을 수 있다.

③ ②의 경우 공소제기 또는 기소유예의 결정이 있는 경우에 한하여 포상금을 지급하여야 한다.

④ 공무원이 직무와 관련하여 발견한 사실을 신고하거나 고발한 경우에도 포상금을 지급받을 수 있다.

⑤ 해당 위반행위를 하거나 위반행위에 관여한 자가 신고하거나 고발한 경우에도 포상금을 지급받을 수 있다.

76 부동산 거래신고 등에 관한 법령상 부동산거래신고제와 관련한 포상금의 지급에 대한 기술이다. 옳은 것은 모두 몇 개인가?

> ⊙ 신고서를 제출받은 신고관청은 포상금 지급 여부를 결정하고 이를 신고인 또는 고발인에게 알려야 한다.
> ⓒ 포상금 지급 결정을 통보받은 신고인 또는 고발인은 포상금 지급신청서를 작성하여 신고관청에 제출하여야 한다.
> ⓒ 신고관청은 신청서가 접수된 날부터 1개월 이내에 신고·고발한 자에게 포상금을 지급하여야 한다.
> ② 포상금은 신고를 거짓으로 한 자에게 부과되는 과태료의 100분의 20에 해당하는 금액을 지급한다.
> ⑩ 포상금 지급에 드는 비용은 시·군·구의 재원으로 충당하되, 국고 보조비율은 50% 이내로 한다.

① 1개   ② 2개
③ 3개   ④ 4개
⑤ 5개

77 부동산 거래신고 등에 관한 법령상 외국인 등의 부동산 등의 취득특례규정에 대한 설명이다. 옳은 것은?

① 외국정부는 이 법에 따른 외국인 등에 해당하지 아니한다.
② 대한민국 국민이 해외영주권을 취득한 경우에는 이 법상 외국인 등에 해당한다.
③ 외국인 등이 건축물의 신축으로 인하여 소유권을 취득한 경우에는 본 특례규정에 따른 취득신고를 하지 않아도 된다.
④ 외국인 등이 매매계약을 체결하고 부동산거래신고를 한 경우에는 특례규정에 의한 별도의 취득신고를 하지 않아도 된다.
⑤ 본 특례규정은 외국인 등이 국내 부동산 등에 대한 임대차계약을 체결한 경우에도 적용된다.

78 부동산 거래신고 등에 관한 법령상 외국인 등의 부동산 등의 취득특례에 대한 설명이다. 옳은 것은?

① 외국인 등이 국내 부동산을 취득하고자 증여계약을 체결한 경우에는 60일 이내에 신고관청에 신고하여야 하며, 위반시에는 해당 증여계약이 무효로 된다.

② 외국인 등이 경매로 국내 부동산을 취득한 경우에는 매각결정기일로부터 6개월 이내에 시장·군수 또는 구청장에게 신고하여야 하며, 위반시에는 300만원 이하의 과태료에 처한다.

③ 대한민국 국민이었던 자가 외국인으로 변경된 후 국내 부동산을 계속 보유하고자 하는 경우 부동산 취득일로부터 6개월 이내에 계속보유신고를 하여야 한다.

④ 외국인 등이 「수도법」상 상수원보호구역 내의 토지를 취득하려면 사전에 관할청의 허가를 받아야 한다.

⑤ 외국인 등이 생태·경관보전지역 내의 토지에 지상권설정계약을 체결하는 경우에는 사전에 허가를 받지 않아도 된다.

79 부동산 거래신고 등에 관한 법령상 외국인 등의 부동산 등의 취득특례에 대한 설명으로 옳은 것은?

① 「군사기지 및 군사시설보호법」에 따른 군사기지 및 군사시설 보호구역 안의 토지를 취득하고자 하는 외국인 등의 허가신청을 받은 신고관청은 허가신청을 받은 날부터 15일 이내에 허가 또는 불허가 처분을 하여야 한다.

② 외국인 등이 토지거래허가구역 내의 토지를 취득하면서 토지거래계약허가를 받은 경우에는 특례규정에 의한 취득허가를 다시 받지 않아도 된다.

③ 부동산 등의 취득신고를 하지 아니하거나 거짓으로 신고한 외국인 등은 2년 이하의 징역 또는 2천만원 이하의 벌금에 처한다.

④ 신고관청은 신고 및 허가사항을 취합하여 분기종료일로부터 1개월 이내에 국토교통부장관에게 직접 제출하여야 한다.

⑤ 외국인 등이 취득신고규정 위반사실을 자진 신고한 경우라도 과태료를 감경 또는 면제받을 수 없다.

80 부동산 거래신고 등에 관한 법령상 토지거래허가제에 관한 기술로 옳은 것은 모두 몇 개인가?

> ㉠ 토지거래허가구역의 지정권자는 국토교통부장관 또는 시·도지사이다.
> ㉡ 토지이용계획이 새로이 수립되는 지역은 토지의 투기적 거래나 지가의 급격한 상승이 우려되지 않아도 토지거래허가구역으로 지정할 수 있다.
> ㉢ 법령의 제정 또는 개정으로 인하여 토지이용에 대한 행위제한이 강화되는 지역도 토지거래허가구역으로 지정할 수 있다.
> ㉣ 국토교통부장관은 관계 시·도지사로부터의 허가구역 지정해제의 요청이 이유 있다고 인정되면 도시계획위원회의 심의를 거치지 않고 허가구역을 해제할 수 있다.
> ㉤ 허가구역 지정 당시 기준면적 이하인 토지를 허가구역 지정 후 분할하였다면 분할 후 최초의 거래라 할지라도 허가를 받을 필요가 없다.
> ㉥ 허가구역 내의 토지를 경매를 통하여 취득하는 경우 토지거래허가를 받은 필요는 없으나, 부동산거래신고는 하여야 한다.
> ㉦ 허가구역 내의 농지를 매매로 취득하는 경우 토지거래허가를 받아야 하며, 농지취득자격증명도 발급받아야 한다.
> ㉧ 허가 또는 변경허가를 받지 아니하고 토지거래계약을 체결한 자는 2년 이하의 징역이나 2천만원 이하의 벌금형에 처한다.

① 1개   ② 2개
③ 3개   ④ 4개
⑤ 5개

81 부동산 거래신고 등에 관한 법령상 토지거래허가제와 관련하여 허가받은 목적대로 이용하지 않은 경우의 조치 및 제재에 대한 기술 중 옳은 것은?

① 시장·군수·구청장은 토지이용의무를 이행하지 아니한 자에 대하여는 6개월 이내의 기간을 정하여 토지이용의무를 이행하도록 명할 수 있다.
② 이행명령이 정하여진 기간에 이행되지 아니하는 경우 해당 토지 공시지가의 100분의 10의 범위에서 이행강제금을 부과한다.
③ 토지거래계약 허가를 받아 토지를 취득한 자가 직접 이용하지 않고 임대한 경우에는 토지취득가액의 100분의 10에 상당하는 금액의 이행강제금을 부과한다.
④ 허가관청은 최초의 이행명령이 있었던 날을 기준으로 하여 1년에 2회씩 그 이행명령이 이행될 때까지 이행강제금을 부과·징수할 수 있다
⑤ 토지거래허가를 받은 자가 허가기준에 적합하게 당초의 이용목적을 변경하는 경우로서 시장·군수 또는 구청장의 승인을 얻은 경우에는 토지이용의무가 면제된다.

82 부동산 거래신고 등에 관한 법령상 매수청구제도와 선매제도에 관한 기술로 틀린 것은?

① 매수청구는 불허가처분시 할 수 있고, 선매는 허가신청이 있는 경우 공익사업용 토지 등에 대하여 할 수 있다.

② 매수청구는 불허가처분의 통지를 받은 날부터 1개월 이내에, 선매자 지정통지는 허가신청이 있는 날부터 1개월 이내에 하여야 한다.

③ 매수청구의 대상권리는 소유권 또는 지상권이고, 선매의 대상권리는 소유권에 한한다.

④ 매수청구된 토지의 매수가격은 원칙적으로 공시지가를 기준으로 하고, 선매가격은 원칙적으로 감정가격을 기준으로 한다.

⑤ 시장·군수·구청장은 선매협의가 이루어지지 아니한 경우에는 지체 없이 토지거래계약의 허가신청에 대하여 불허가처분을 하여야 한다.

83 부동산 거래신고 등에 관한 법령상 토지거래허가제와 관련된 기술로 옳은 것은 모두 몇 개인가?

> ㉠ 허가관청은 토지거래를 허가받은 자가 허가받은 목적대로 이용하고 있는지를 매년 2회 이상 토지의 개발 및 이용 등의 실태를 조사하여야 한다.
>
> ㉡ 국토교통부장관, 시·도지사, 시장·군수 또는 구청장은 토지거래계약에 관한 허가를 받은 자가 그 토지를 허가받은 목적대로 이용하지 아니한 경우 허가 취소 또는 그 밖에 필요한 처분을 하거나 조치를 명할 수 있다.
>
> ㉢ 국토교통부장관, 시·도지사, 시장·군수 또는 구청장은 토지거래계약 허가의 취소처분을 하려면 청문을 하여야 한다.
>
> ㉣ 허가취소, 처분 또는 조치명령을 위반한 자는 2년 이하의 징역 또는 해당 토지 가액의 30%에 해당하는 금액 이하의 벌금에 처한다.
>
> ㉤ 토지거래계약허가를 받아 취득한 토지에 대하여 허가받은 목적대로 이용하지 아니한 자를 신고한 경우에는 그 신고사건에 대한 수사기관의 공소제기 또는 기소유예처분이 있는 경우에 포상금을 지급하여야 한다.
>
> ㉥ 포상금은 1건당 50만원으로 하되, 포상금 지급에 소요되는 비용은 100분의 50 이내에서 국고에서 보조할 수 있다.
>
> ㉦ 포상금은 신청서가 접수된 날부터 1개월 이내에 지급하여야 한다.

① 1개   ② 2개
③ 3개   ④ 4개
⑤ 5개

84 분묘기지권에 대한 기술이다. 옳은 것은?

① 분묘기지권의 효력이 미치는 범위 내에서는 기존의 분묘 외에 새로운 분묘를 신설할 권능이 포함되어 있다.

② 분묘기지권은 권리자가 분묘의 봉·제사를 계속하고 그 분묘가 존속하는 한 계속되는 것이므로 당사자의 약정으로 존속기간을 제한할 수 없다.

③ 분묘의 소유를 위하여 분묘기지에 관한 지상권 유사의 물권을 시효로 취득한 경우 그 권리는 종손에 속하는 것이다.

④ 분묘기지권을 시효로 취득하기 위한 점유는 소유의 의사를 필요로 하며, 시효취득한 경우에는 지료를 지급하지 않아도 된다.

⑤ 분묘가 멸실된 경우 유골이 존재하여 분묘의 원상회복이 가능한 정도의 일시적 멸실에 불과하더라도 분묘기지권은 소멸한다.

85 「장사 등에 관한 법률」에 관한 설명이다. 틀린 것은?

① 이 법 시행 후에 타인의 토지에 무단설치한 분묘는 시효취득이 인정되지 않는다.

② 매장을 하거나 개인묘지를 설치한 자는 30일 이내에 관할 시장 등에게 신고하여야 한다.

③ 이 법 시행 전에 타인의 토지에 무단으로 설치한 분묘라도 법 시행 이후에 시효기간이 완성된 경우에는 분묘기지권을 시효취득할 수 없다.

④ 토지소유자의 승낙없이 분묘를 설치한 경우 해당 토지소유자 등은 관할청의 허가를 받아 분묘에 매장된 유골을 개장할 수 있다.

⑤ 시장 등은 묘지의 설치·관리를 목적으로 「민법」에 따라 설립된 재단법인에 한정하여 법인묘지의 설치·관리를 허가할 수 있다.

86 「장사 등에 관한 법률」에 관한 설명이다. 옳은 것은?

① 이 법이 시행되기 전에 성립된 분묘기지권이라도 그 존속기간이 최장 60년을 초과할 수 없다.

② 관할청은 조례가 정하는 바에 따라 5년 이상 30년 미만의 기간 내에서 분묘의 최초 설치기간을 단축할 수 있다.

③ 설치기간이 종료된 분묘의 연고자는 설치기간이 종료된 날부터 6개월 이내에 해당 분묘에 설치된 시설물을 철거하고 매장된 유골을 화장·봉안하여야 한다.

④ 개인 자연장지의 조성은 사후신고사항이나, 문중 자연장지의 조성은 사전허가사항이다.

⑤ 문중 자연장지는 그 면적이 2,000m²를 초과할 수 없다.

87 중개대상물 확인·설명서에 관한 다음 보기를 보고 질문에 답을 고르시오.

---

① 권리관계(등기부 기재사항)
② 임대차 확인사항 중 확정일자 부여현황 정보
③ 입지조건 중 교육시설
④ 관리에 관한 사항 중 관리비
⑤ 취득시 부담할 조세의 종류 및 세율
⑥ 실제 권리관계 또는 공시되지 않은 물건의 권리사항
⑦ 내부·외부 시설물의 상태
⑧ 환경조건
⑨ 현장안내
⑩ 중개보수 및 실비의 금액과 산출내역

---

(1) 모든 서식(4가지)에 공통적 기재사항을 모두 고르시오.(_____)
(2) 주거용 건축물 서식(Ⅰ)에만 기재하는 사항을 모두 고르시오.(_____)
(3) 개업공인중개사의 세부확인사항을 모두 고르시오.(_____)
(4) 임대차를 중개하는 경우 기재사항에서 제외되는 것을 고르시오.(_____)

88 중개대상물 확인·설명서에 대한 기술로 옳은 것은?

① 확인·설명서[Ⅱ] 서식(비주거용 건축물)에는 비선호시설을 확인하여 기재하여야 한다.

② 주거용 건축물 확인·설명서[Ⅰ]를 작성하는 경우 단독경보형감지기는 아파트에 한하여 기재하되, 개업공인중개사의 세부확인사항에 해당한다.

③ 주택을 중개한 경우 임대차 확인사항 중 민간임대등록 여부 및 계약갱신요구권 행사 여부는 기본확인사항에 해당한다.

④ 중개보수는 법정 요율 범위 내에서 중개의뢰인과 개업공인중개사가 서로 협의하여 결정하며, 부가가치세는 보수에 포함된 것으로 본다.

⑤ 근저당 등이 설정된 경우에는 실제의 피담보채무액을 확인하여 기재하고, 그 밖에 경매 및 공매 등의 특이사항이 있는 경우 이를 확인하여 기재한다.

89 부동산 실권리자 명의등기에 관한 법령에 대한 기술 중 옳은 것은 몇 개인가?

> ㉠ 소유권보존등기를 타인명의로 한 경우 명의신탁약정은 무효가 되며, 명의신탁에 의한 소유권보존등기도 무효가 된다.
> ㉡ 명의신탁한 부동산을 명의수탁자가 임의로 제3자에게 매각한 경우 제3자는 선의의 경우에만 그 부동산의 물권을 취득할 수 있다.
> ㉢ 배우자 명의로 부동산에 관한 물권을 등기한 경우 조세포탈 등의 목적이 없으면 그 등기는 유효하다.
> ㉣ 부동산실명법을 위반한 2자간 명의신탁의 경우 명의수탁자가 신탁받은 부동산을 임의로 처분하면 명의신탁자에 대한 관계에서 횡령죄가 성립한다.
> ㉤ 명의신탁약정 금지규정을 위반한 신탁자에게는 부동산 평가액의 30%에 해당하는 금액의 과징금을 확정금액으로 하여 부과한다.
> ㉥ 타인 명의로 부동산에 관한 물권을 등기한 명의신탁자가 후일 실명등기를 한 이후에 적발된 경우에는 과징금을 부과하지 않는다.
> ㉦ 명의신탁자가 과징금을 부과받고도 1년 내에 그의 명의로 등기하지 아니한 경우에는 부동산 평가액의 20%를 이행강제금으로 부과한다.
> ㉧ 시장·군수·구청장은 명의수탁자에 대하여도 명의신탁자와 동일하게 과징금 및 이행강제금을 부과하여야 한다.
> ㉨ 명의신탁자는 5년 이하의 징역 또는 2억원 이하의 벌금, 명의수탁자는 3년 이하의 징역 또는 1억원 이하의 벌금에 처한다.

① 1개　　　　　　　　　② 2개
③ 3개　　　　　　　　　④ 4개
⑤ 5개

90 「주택임대차보호법」에 관한 설명 중 옳은 것은?

① 임대차계약이 법정갱신된 경우 임차인과 임대인은 언제든지 계약해지를 통고할 수 있다.
② 입주와 주민등록을 마치고 계약서에 확정일자를 받으면 후일 보증금을 반환받지 못할 경우 이로써 주택에 대한 경매를 신청할 수 있다.
③ 주택에 대한 저당권설정일과 임차인의 입주·주민등록·확정일자를 받은 날이 모두 같은 경우에는 경매시에 임차인은 저당권자보다 우선하여 보증금을 배당받는다.
④ 소액임차인이라 하더라도 주택에 대한 경매개시결정등기 전에 입주와 주민등록을 하고 확정일자까지 갖추어야 최우선변제를 받을 수 있다.
⑤ 임차권등기명령의 집행에 의한 임차권등기가 경료된 주택을 그 이후에 임차한 임차인은 경매시 우선변제권을 행사할 수 있다.

91 「주택임대차보호법」에 관한 설명 중 옳은 것은?

① 「지방공기업법」에 따라 주택사업을 목적으로 설립된 지방공사는 이 법상 대항력이 인정되는 법인이 아니다.

② 주택 임대차계약을 체결하려는 자는 임대인의 동의를 받지 않고도 확정일자 부여기관에 정보제공을 요청할 수 있다.

③ 임차인의 우선변제권을 승계한 금융기관은 임차인을 대위하여 임차권등기명령을 신청할 수 없다.

④ 주택임차인의 우선변제권을 승계한 금융기관 등은 우선변제권을 행사하기 위하여 임차인을 대리하거나 대위하여 임대차를 해지할 수 있다.

⑤ 임대차계약을 체결할 때 임대인은 해당 주택의 확정일자 부여일, 차임 및 보증금 등의 정보를 임차인에게 제시하여야 한다. 다만, 임대인이 임대차계약을 체결하기 전에 동의함으로써 이를 갈음할 수 있다.

92 「주택임대차보호법」과 관련한 판례의 태도로 틀린 것은?

① 점포와 사무실로 사용되던 건물에 근저당권이 설정된 후 그 건물이 주거용 건물로 용도 변경된 후 이를 임차한 소액임차인도 특별한 사정이 없는 한 경매시 보증금 중 일정액을 근저당권자보다 우선하여 변제받을 권리가 있다.

② 임대차계약 체결 후 새로운 임대차계약에 의하여 정당하게 보증금을 감액하여 소액임차인에 해당하게 되었다면, 특별한 사정이 없는 한 임차인은 소액임차인으로 보호받을 수 있다.

③ 이행지체에 빠진 임대인의 보증금반환의무는 임차권등기명령에 의하여 등기된 임차권등기의 말소의무보다 먼저 이행되어야 한다.

④ 주택의 소액임차인은 대지에 대한 경매신청의 등기 전에 대항요건을 갖추었더라도 임차주택 대지의 환가대금에 대하여 최우선변제권을 행사할 수 없다.

⑤ 임차인이 그 지위를 강화하고자 별도로 전세권설정등기를 마친 후 「주택임대차보호법」상 대항요건을 상실하면 이미 취득한 이 법상의 대항력 및 우선변제권을 상실한다.

93 「주택임대차보호법」상 임차인의 계약갱신요구권에 대한 기술로 틀린 것은?

① 임대인은 임차인이 임대차기간이 끝나기 6개월 전부터 2개월 전까지 계약갱신을 요구할 경우 정당한 사유 없이 거절하지 못한다.

② 2기의 차임액에 이르도록 차임을 연체한 임차인은 계약갱신을 요구할 수 없다.

③ 임차인은 계약갱신요구권을 1회에 한하여 행사할 수 있다. 이 경우 갱신되는 임대차의 존속기간은 2년으로 본다.

④ 갱신되는 임대차에 있어서 임차인은 언제든지 임대인에게 계약해지를 통지할 수 있다.

⑤ 임차인의 해지는 임대인이 통지를 받은 날부터 3개월이 지나면 그 효력이 발생한다.

94 「상가건물 임대차보호법」에 관한 다음 설명 중 옳은 것은?

① 환산합산보증금이 대통령령이 정하는 기준을 초과하는 임대차의 경우에는 우선변제권이나 임차권등기명령이 인정되지 않는다.

② 임차인은 임대인에 대하여 최초의 임대차기간을 제외하고 10년을 초과하지 않는 범위 내에서 계약의 갱신을 요구할 수 있다.

③ 3기의 차임에 달하도록 차임을 연체한 임차인은 계약갱신요구권을 행사할 수 없다.

④ 계약갱신요구에 의하여 갱신되는 임대차는 전 임대차와 동일한 조건으로 다시 계약된 것으로 보나, 존속기간에 대하여는 1년으로 본다.

⑤ 임차인의 사업자등록은 대항력이나 우선변제권의 취득요건 및 존속요건이기도 하므로, 매각결정기일까지 존속하고 있어야 한다.

95 「상가건물 임대차보호법」에 관한 설명으로 옳은 것은?

① 상가건물 임대차를 등기한 경우 그 다음날부터 제3자에 대하여 효력이 생긴다.

② 임대차가 묵시적으로 갱신된 경우, 그 존속기간은 임대인이 그 사실을 안 때로부터 1년으로 본다.

③ 임대차계약의 당사자가 아닌 이해관계인은 임대인의 동의 없이 관할 세무서장에게 임대인·임차인의 인적사항이 기재된 서면의 열람을 요청할 수 있다.

④ 임차인은 대항력과 확정일자를 갖춘 경우, 경매에 의해 매각된 임차건물을 양수인에게 인도하지 않더라도 배당에서 보증금을 수령할 수 있다.

⑤ 임차인이 갱신 전부터 차임을 연체하기 시작하여 갱신 후에 차임연체액이 3기의 차임액에 이른 때에도 임대인은 계약을 해지할 수 있다.

96 「상가건물 임대차보호법」상 권리금 보호규정에 관한 기술로 옳은 것은?

① 해당 상가건물을 1년 이상 영리목적으로 사용하지 아니한 경우 임대인은 임차인이 주선한 신규임차인과의 임대차계약을 거절할 수 있다.

② 임대인이 권리금 회수방해 금지규정을 위반하여 임차인에게 손해를 발생하게 한 때에는 그 손해를 배상할 책임이 있다.

③ 손해배상액은 신규임차인이 임차인에게 지급하기로 한 권리금과 임대차 종료 당시의 권리금 중 높은 금액을 넘지 못한다.

④ 임대인에게 손해배상을 청구할 권리는 임대차가 종료한 날부터 1년 이내에 행사하지 아니하면 시효의 완성으로 소멸한다.

⑤ 법무부장관은 국토교통부장관과 협의를 거쳐 임차인과 신규임차인이 되려는 자의 권리금 계약 체결을 위한 표준권리금계약서를 정하여 그 사용을 권장할 수 있다.

97 「상가건물 임대차보호법」 관련 판례의 태도로 틀린 것은 것은?

① 사업자등록신청서에 첨부된 임대차계약서에 기재된 환산보증금이 법 적용한도를 초과하는 경우 실제 보증금액이 기준을 충족하더라도 임차인은 동법의 보호를 받을 수 없다.

② 최초의 임대차기간을 포함한 전체 임대차기간이 10년을 초과하여 임차인이 계약갱신요구권을 행사할 수 없는 경우에도 임대인은 권리금 회수기회 보호의무를 부담한다.

③ 임대인이 임차인이 주선할 신규임차인과 임대차계약을 체결할 의사가 없음을 확정적으로 표시한 경우, 임차인이 실제로 신규임차인을 주선하지 않았더라도 임대인에게 권리금 회수방해로 인한 손해배상을 청구할 수 있다.

④ 임대차계약 종료에 따른 임차인의 임차목적물 반환의무와 임대인의 권리금 회수방해로 인한 손해배상의무가 동시이행관계에 있다고 볼 수 없다.

⑤ 권리금 회수 방해로 인한 손해배상책임이 성립하기 위하여 반드시 임차인과 신규임차인이 되려는 자 사이에 권리금 계약이 미리 체결되어 있어야 한다.

98 「민사집행법」상 경매제도에 대한 기술로 틀린 것은?

① 미등기의 건물이라도 채무자의 소유로서 건축허가를 받은 건물이라면 강제경매를 신청할 수 있으나, 무허가건물은 그러하지 아니하다.

② 매각기일에 입찰에 참여하는 자는 매수신고금액의 10%를 보증금으로 제출하여야 한다.

③ 공유지분의 경매의 경우 공유자는 매각기일까지 보증을 제공하고 최고매수신고가 격과 같은 가격으로 채무자의 지분을 우선매수하겠다는 신고를 할 수 있다.

④ 매각허가결정에 불복하여 항고하고자 하는 사람은 매각대금의 10% 상당의 금전 또는 법원이 인정하는 유가증권을 공탁하여야 한다.

⑤ 채무자가 매각허가결정에 대하여 항고를 한 경우 그것이 기각된 때에는 보증으로 제공한 금전 등을 돌려줄 것을 요구하지 못한다.

99 법원 경매절차에 관한 기술로 틀린 것은?

① 최저매각가격으로 압류채권자의 채권에 우선하는 부동산의 모든 부담과 절차비용 을 변제하면 남을 것이 없겠다고 인정되면 경매절차가 취소될 수 있다.

② 차순위매수신고는 신고액이 최고가 매수신고액에서 보증금을 뺀 금액을 넘는 때 에만 할 수 있다.

③ 경매개시결정을 한 부동산에 대하여 다른 강제경매의 신청이 있는 때에는 법원은 이를 각하하여서는 아니된다.

④ 압류의 효력발생 후에 경매목적물의 점유를 취득한 유치권자는 매수인에게 대항 할 수 있다.

⑤ 매수인은 유치권자에게 그 유치권으로 담보하는 채권을 변제할 책임이 있다.

100 법원경매의 배당절차에 관련된 설명으로 틀린 것은?

① 첫 경매등기 전에 등기를 경료한 가압류채권자는 당연배당채권자에 해당한다.

② 매각허가를 받은 매수인이 배당받을 채권자인 경우에는 법원에 납부할 대금과 배 당받을 금액의 채권상계신청을 할 수 있다.

③ 소유권에 대한 가압류등기 후에 저당권설정등기가 된 경우 양자의 배당순위는 동 순위이다.

④ 배당에 있어서 대항요건과 확정일자를 갖춘 임차인은 해당 부동산에 부과된 국세 보다 우선한다.

⑤ 배당순위에 있어 저당권에 의해 담보된 채권은 근로자의 일반임금채권보다 우선 한다.

본문의 문제를 하나로 모아 다시 한 번 복습할 수 있도록 하였습니다.

01 「공인중개사법」상 용어의 정의에 대한 설명으로 옳은 것은?

① 개업공인중개사란 공인중개사로서 중개사무소 개설등록을 한 자를 말한다.

② 중개행위는 타인 간의 재산상의 거래행위를 보조하는 법률행위이다.

③ 중개는 거래를 알선하는 것이므로 개업공인중개사가 거래당사자 쌍방 모두로부터 중개의뢰를 받아야 중개가 성립된다.

④ 중개행위에 해당하는지 여부는 개업공인중개사의 행위를 객관적으로 보아 사회통념상 중개를 위한 행위라고 인정되는지 여부에 따라 판단하여야 한다.

⑤ 자격증과 등록증을 대여받아 중개사무소를 운영하던 자가 오피스텔을 임차하기 위하여 중개사무소를 방문한 자에게 자신이 오피스텔을 소유하고 있는 것처럼 가장하여 직접 거래당사자로서 임대차계약을 체결한 경우 이는 중개행위에 해당된다.

02 「공인중개사법」상 용어의 정의에 대한 설명으로 옳은 것은?

① 소속공인중개사라 함은 개업공인중개사에 소속된 자로서 개업공인중개사의 중개업무를 보조하는 자를 말한다.

② 중개보조원이라 함은 개업공인중개사에 소속되어 개업공인중개사의 중개업무와 관련된 단순한 업무를 보조하는 자를 말한다.

③ 공매대상 부동산 취득의 알선에 대해서는 공인중개사법령상 중개보수 제한에 관한 규정이 적용된다.

④ 중개법인이 주택이나 상가를 분양대행하거나 부동산개발에 대한 컨설팅을 하면 중개업에 해당한다.

⑤ 부동산 매매계약을 중개하고 계약체결 후 계약금 및 중도금 지급에도 관여한 개업공인중개사가 잔금 중 일부를 횡령한 경우 중개행위에 해당하지 않는다.

03 「공인중개사법」상 중개 및 중개업에 관한 기술로 옳은 것은?

① 금전소비대차계약에 부수하여 저당권설정계약 알선을 업으로 하는 것은 중개업에 해당하지 않는다.

② 부동산 컨설팅행위에 부수하여 일정한 보수를 받고 부동산을 계속·반복적으로 알선한 행위는 중개업에 해당한다.

③ 유·무형의 재산적 가치의 양도에 대하여 권리금을 수수하도록 알선한 것은 중개행위에 해당한다.

④ 우연한 기회에 단 1회 건물 전세계약의 중개를 하였더라도 보수를 받았다면 중개업이라 볼 수 있다.

⑤ 중개대상물의 거래당사자들에게서 보수를 현실적으로 받지 아니하고 단지 보수를 받을 것을 약속하거나 요구하는 데 그친 경우에도 중개업에 해당한다.

04 공인중개사법령상 중개대상물에 관한 설명이다. 옳은 것은?

① 소유권보존의 등기를 받을 수 있는 수목의 집단은 입목등록원부에 등록된 것으로 한정한다.

② 입목등기가 된 경우 해당 입목이 생육하고 있는 토지등기기록 갑구에 입목등기용지가 표시된다.

③ 저당권의 효력은 입목을 벌채한 경우에 그 토지로부터 분리된 수목에 대하여도 미치며, 분리된 수목에 대하여 저당권자는 채권의 기한이 도래하여야 이를 경매할 수 있다.

④ 공장재단의 소유권보존의 등기는 그 등기 후 1년 이내에 저당권설정의 등기를 하지 아니한 경우에는 그 효력을 상실한다.

⑤ 공장재단에 포함된 토지 또는 건물은 해당 부동산등기기록 표제부에 공장재단에 속한 취지가 기재된다.

05 공인중개사법령상 중개대상이 되는 것은 모두 몇 개인가?

> ㉠ 상속된 토지
> ㉡ 도로예정지인 사유지
> ㉢ 부동산유치권
> ㉣ 법정지상권의 성립
> ㉤ 경매개시결정등기가 된 건물
> ㉥ 광업권
> ㉦ 명인방법을 갖추지 않은 수목의 집단
> ㉧ 세차장구조물
> ㉨ 입목에 대한 저당권설정계약
> ㉩ 일정한 요건하에서 택지개발지구 내 이주자택지를 공급받을 수 있는 대토권

① 3개 ② 4개
③ 5개 ④ 6개
⑤ 7개

06 공인중개사법령상 공인중개사 정책심의위원(심의위원회)에 관한 설명 중 옳은 것은?
① 심의위원회의 위원장은 국토교통부장관이 임명한다.
② 심의위원회에서 중개보수 변경에 관한 사항을 심의한 경우에는 시·도지사는 이에 따라야 한다.
③ 심의위원회 위원장이 부득이한 사유로 직무를 수행할 수 없을 때에는 부위원장이 그 직무를 대행한다.
④ 심의위원회 위원장은 위원이 제척사유 중 하나에 해당하는 데에도 불구하고 회피하지 아니한 경우에는 해당 위원을 해촉할 수 있다.
⑤ 국토교통부장관이 직접 공인중개사 자격시험을 시행한 경우에도 시·도지사가 자격증을 교부하여야 한다.

07 공인중개사법령상 공인중개사제도에 관한 설명 중 옳은 것은 모두 몇 개인가?

> ㉠ 국토교통부장관이 실시하는 공인중개사 자격시험에 응시하는 자는 지방자치단체의 조례가 정하는 바에 따라 수수료를 내야 한다.
> ㉡ 공인중개사 자격증의 대여를 알선한 자는 3년 이하의 징역 또는 3천만원 이하의 벌금형에 처한다.
> ㉢ 공인중개사 자격을 취득한 자는 중개업에 종사하지 않더라도 공인중개사라는 명칭을 사용할 수 있다.
> ㉣ 무자격자가 공인중개사의 업무를 수행하였는지 여부는 실질적으로 무자격자가 공인중개사 명의를 사용하여 업무를 수행하였는지 여부에 따라 판단하여야 한다.
> ㉤ 무자격자의 중개업도 「형법」상 업무방해죄의 보호대상이 되는 업무라고 볼 수 있다.

① 1개
② 2개
③ 3개
④ 4개
⑤ 5개

08 공인중개사법령상 각종 교육에 관한 설명 중 옳은 것은?

① 법인인 개업공인중개사의 공인중개사 자격이 없는 임원이나 사원은 연수교육을 받아야 한다.
② 등록관청은 중개보조원에 대한 직무교육을 실시할 수 있다.
③ 실무교육을 실시하려는 시·도지사는 교육일 10일 전까지 교육의 일시·장소·내용 등을 대상자에게 통지하여야 한다.
④ 개업공인중개사가 실무교육을 받지 아니한 경우에는 500만원 이하의 과태료에 처한다.
⑤ 부동산거래사고 예방교육의 실시는 시·도지사의 고유권한이며, 개업공인중개사 등을 대상으로 매년 정기적으로 실시하여야 한다.

09 공인중개사법령상 중개사무소 개설등록에 관한 기술로서 옳은 것은?

① 중개사무소 개설등록은 행정청의 재량적 행정행위이므로 요건을 갖춘 등록신청이 있더라도 등록관청은 이를 거부할 수 있다.

② 소속공인중개사도 중개사무소 개설등록을 신청할 수 있다.

③ 부동산중개업을 영위할 목적으로 설립된 「상법」상 회사가 등록을 신청하는 경우 법인 등기사항증명서를 첨부하여야 한다.

④ 공인중개사가 등록을 신청하는 경우에는 중개사무소 확보 증명서류 및 보증설정 증명서류를 첨부하여야 한다.

⑤ 중개사무소는 건축물대장(가설건축물대장 제외)에 기재된 건물에 설치하여야 하며, 사용승인을 받아 건축물대장에 기재가 예정되어 있는 건물도 가능하다.

10 공인중개사법령상 중개사무소 개설등록에 관한 기술로서 옳은 것은?

① 「협동조합 기본법」상 사회적 협동조합도 자본금이 5천만원 이상이면 등록이 가능하다.

② 다른 법률에 따라 중개업을 영위하고자 하는 법인(특수법인)도 대표자가 공인중개사이어야 하며, 임원이 실무교육을 수료하여야 한다.

③ 법인으로 등록을 받으려면 대표자가 공인중개사이어야 하고, 대표자를 포함한 사원·임원의 1/3 이상이 공인중개사이어야 한다.

④ 등록을 신청하는 자는 소유권보존등기가 된 건물에 중개사무소를 확보하되, 해당 건물은 신청자의 소유이어야 하며, 일정 기준면적 이상이고, 중개업에 전용하여야 한다.

⑤ 공인중개사는 업무정지 중인 다른 개업공인중개사의 사무소에 중개사무소의 개설등록을 할 수 없다.

11 공인중개사법령상 중개사무소 개설등록에 관한 기술로서 옳은 것은?

① 법인의 사원·임원은 자격 유무에 관계없이 중개업무를 수행할 수 있고, 이 경우 사원은 합명회사나 합자회사의 유한책임사원을 의미한다.

② 개업공인중개사는 업무정지기간 중에는 이중소속이 허용되지 않으나, 휴업기간 중에는 이중소속이 허용된다.

③ 이중소속금지규정을 위반한 경우 소속공인중개사는 자격정지처분을, 개업공인중개사는 업무정지처분을 받는다.

④ 개업공인중개사가 등록증을 다른 사람에게 양도·대여한 경우 임의적 등록취소사유에 해당한다.

⑤ 종전의 중개사무소를 사실상 폐쇄하고 새로운 중개사무소의 개설등록을 한 경우 종전의 중개사무소의 폐업신고의무를 이행하지 않았다면 이중등록에 해당한다.

12 「공인중개사의 매수신청대리인 등록 등에 관한 규칙」상 설명 중 옳은 것은?

① 공인중개사 자격을 취득한 자는 중개사무소의 개설등록을 하지 않아도 매수신청 대리인 등록을 할 수 있다.

② 개업공인중개사의 매수신청대리권의 범위에 불허가에 대한 항고나 인도명령 신청 도 포함된다.

③ 매수신청대리인은 매수신청대리업을 3개월을 초과하여 휴업하고자 하는 때에는 감독법원에 그 사실을 미리 신고하여야 한다.

④ 매수신청대리인으로 등록하고자 하는 개업공인중개사인 법인은 그 대표자와 임원 전원이 등록신청일 전 1년 이내에 지방법원장이 실시하는 실무교육을 받아야 한다.

⑤ 매수신청대리행위를 하는 경우 각 대리행위마다 대리권을 증명하는 문서를 제출 하여야 하고, 소속공인중개사가 개업공인중개사를 대리하여 출석할 수 있다.

13 「공인중개사의 매수신청대리인 등록 등에 관한 규칙」상 설명 중 틀린 것은?

① 매수신청대리인은 위임인에게 매수신청대리의 대상물에 대한 경제적 가치도 설명 하여야 한다.

② 개업공인중개사는 대리대상물 확인·설명서를 사건카드에 철하여 5년간 보관하 여야 한다.

③ 개업공인중개사는 원칙적으로 그 사무소의 명칭이나 간판에 법원의 명칭이나 휘 장 등을 표시할 수 없다.

④ 개업공인중개사가 중개업의 휴업신고를 한 경우 지방법원장은 기간을 정하여 매 수신청대리업무의 정지를 명하여야 한다.

⑤ 지방법원장이 매수신청대리인 등록을 취소하고자 하면 사전에 청문을 거쳐야 한다.

14 「공인중개사의 매수신청대리인 등록 등에 관한 규칙」상 설명 중 틀린 것은?

① 개업공인중개사는 경매 부동산의 매수신청대리인이 된 사건에 대하여는 매수신청 을 할 수 없다.

② 중개업 폐업신고에 의하여 매수신청대리인 등록이 취소된 때에는 결격사유에 해 당하지 아니한다.

③ 개업공인중개사가 성년후견개시심판을 받은 경우 매수신청대리인 등록이 취소된다.

④ 매각허가결정이 확정되어 매수인으로 된 경우의 경매대리보수는 감정가의 1% 또 는 최저매각가격의 1.5% 범위 내에서 당사자의 합의에 의해서 결정한다.

⑤ 개업공인중개사는 근거리교통비·등기부비용 등 통상적 실비도 위임인에게 청구 할 수 있다.

15 공인중개사법령에 관한 내용으로 틀린 것은?

① 개업공인중개사가 중개의뢰인과 체결한 법정한도를 초과하는 보수약정은 초과부분이 무효이다.

② 중개사무소 개설등록을 하지 아니하고 중개업을 영위하는 자가 거래당사자와 체결한 중개보수 약정은 그 전부가 무효이다.

③ 무자격자가 우연한 기회에 단 1회 거래행위를 중개한 경우 과다하지 않은 중개보수 약정은 유효하다.

④ 거래당사자가 무등록중개업자에게 중개를 의뢰한 행위는 이 법상 처벌대상이 되지 않는다.

⑤ 공인중개사가 자신명의의 중개사무소에 무자격자로 하여금 자금을 투자하고 이익을 분배받도록 하는 것만으로도 등록증 대여에 해당한다.

16 공인중개사법령상 등록의 결격사유 등에 관한 기술로 옳은 것은?

① 「변호사법」을 위반하여 징역 3년을 선고받고 2년 복역 후 특별사면이 된 자는 즉시 결격사유에서 벗어난다.

② 「도로교통법」 위반으로 징역 3년을 선고받고 2년 복역 후 가석방된 자는 가석방된 때로부터 4년이 경과되어야 결격사유에서 벗어난다.

③ 「식품위생법」을 위반하여 벌금 500만원을 선고받고 1년이 경과된 자는 결격사유에 해당된다.

④ 「공인중개사법」을 위반하여 벌금 100만원을 선고받고 2년이 경과된 자는 결격사유에 해당된다.

⑤ 「공인중개사법」을 위반하여 벌금 500만원의 선고유예를 받은 자는 결격사유에 해당된다.

17 공인중개사법령상 등록의 결격사유 등에 대한 설명으로 옳은 것은?

① 징역 1년에 집행유예 2년을 선고받은 자는 그 유예기간 동안 결격사유에 해당된다.

② 「공인중개사법」 위반으로 과태료처분을 받은 자는 결격사유와 무관하다.

③ 양벌규정에 의하여 벌금 500만원을 선고받은 개업공인중개사는 결격사유에 해당된다.

④ 등록기준 미달로 중개사무소 개설등록이 취소된 자는 결격사유에 해당된다.

⑤ 업무정지처분을 받은 중개법인의 업무정지사유 발생 당시의 중개보조원이었던 자는 해당 법인의 업무정지기간 동안 결격사유에 해당된다.

18 공인중개사법령상 등록의 결격사유에 관하여 옳은 설명은?

① 공인중개사인 개업공인중개사가 결격사유에 해당하는 소속공인중개사를 2개월 이내에 해소하지 않은 경우 등록이 취소된다.

② 법인의 해산을 원인으로 등록이 취소된 경우 해당 법인의 대표자이었던 자는 결격 사유에 해당하지 않는다.

③ 개업공인중개사가 파산선고를 이유로 등록이 취소된 경우 등록취소 후 3년간 중개업에 종사할 수 없다.

④ 폐업기간이 1년인 재등록 개업공인중개사가 폐업신고 전의 이중소속을 이유로 등록이 취소된 경우 해당 처분 후 3년간 결격사유에 해당한다.

⑤ 「공인중개사법」상 행정형벌에 규정된 죄와 다른 죄의 경합범에 대하여 벌금형을 선고하는 경우에는 이를 통합 선고하여야 한다.

19 공인중개사법령상 중개사무소에 관한 설명 중 옳은 것은?

① 개업공인중개사는 휴업기간 중이나 업무정지기간 중에도 중개사무소를 두어야 한다.

② 중개사무소는 건축물대장에 기재된 건물에 설치되어야 하고, 해당 건물은 소유권 보존등기가 경료된 것이어야 한다.

③ 이중설치금지가 되는 다른 중개사무소는 등록기준을 갖춘 사무소이어야 한다.

④ 이중사무소를 설치한 경우에는 필요적 등록취소사유에 해당한다.

⑤ 개업공인중개사는 휴업기간 중에 중개사무소를 이전할 수 있으나, 업무정지기간 중에는 중개사무소를 이전할 수 없다.

20 공인중개사법령상 분사무소의 설치에 관한 설명으로 옳은 것을 모두 고른 것은?

> ㉠ 다른 법률의 규정에 따라 중개업을 할 수 있는 법인의 분사무소에는 공인중개사를 책임자로 두어야 한다.
> ㉡ 분사무소의 설치신고를 하려는 자는 그 신고서를 주된 사무소의 소재지를 관할하는 등록관청에 제출해야 한다.
> ㉢ 분사무소의 설치신고를 받은 등록관청은 그 신고내용이 적합한 경우에는 국토교통부령이 정하는 신고확인서를 교부해야 한다.
> ㉣ 분사무소 설치신고를 하려는 자는 법인 등기사항증명서를 제출해야 한다.

① ㉠, ㉡
② ㉠, ㉢
③ ㉡, ㉢
④ ㉢, ㉣
⑤ ㉠, ㉡, ㉣

21 서울특별시 종로구에 주된 사무소를 둔 중개법인이 경기도 부천시에 분사무소를 설치하고자 한다. 다음 설명 중 옳은 것은?

① 분사무소의 설치신고는 부천시장에게 하여야 한다.

② 분사무소 설치신고 수수료는 부천시 조례가 정하는 바에 따라 납부해야 한다.

③ 설치신고를 받은 등록관청은 신고확인서를 교부 후 다음 달 10일까지 공인중개사협회에 이를 통보하여야 한다.

④ 해당 분사무소에서 세종특별자치시에 소재하는 주택에 대한 거래를 성립시킨 경우 중개보수는 세종특별자치시 조례가 정하는 바에 따라 받아야 한다.

⑤ 해당 법인의 분사무소가 영업부진으로 폐업하고자 하면 부천시장에게 신고하여야 한다.

22 공인중개사법령상 중개사무소 및 분사무소 이전에 관한 설명이다. 옳은 것은?

① 중개사무소를 관할구역 밖으로 이전한 경우에는 등록관청은 종전의 등록증에 변경사항을 기재하여 이를 교부할 수 있다.

② 중개사무소를 관할구역 밖으로 이전한 경우 서류의 송부를 요청받은 종전의 등록관청은 10일 이내에 관련서류를 이전 후의 등록관청에 송부하여야 한다.

③ 이전 전의 등록관청이 이전 후의 등록관청으로 송부하여야 할 서류에는 등록증, 개설등록신청서류, 최근 3년간 행정처분관련서류 등이 있다.

④ 중개사무소를 등록관청 관할구역 밖의 지역으로 이전한 경우 이전신고 전에 발생한 사유로 인한 개업공인중개사에 대한 행정처분은 이전 후의 등록관청이 이를 행한다.

⑤ 분사무소를 관할구역 밖으로 이전한 신고를 받은 등록관청은 이전 후의 분사무소 소재지 관할 등록관청에 등록에 관한 서류를 송부하여야 한다.

23 공인중개사법령상 개업공인중개사의 각종 의무에 관한 설명 중 옳은 것은?

① 개업공인중개사는 중개사무소 안에 실무교육수료증을 게시해야 한다.

② 개업공인중개사는 사무소 명칭에 "공인중개사사무소" 또는 "부동산중개"라는 문자를 사용하여야 한다.

③ 개업공인중개사가 옥외광고물에 성명을 거짓으로 표기한 경우에는 1년 이하의 징역이나 1천만원 이하의 벌금에 처해진다.

④ 개업공인중개사가 일간신문을 이용하여 중개대상물의 광고를 함에 있어서는 중개대상물의 종류별로 소재지, 가격, 면적 등을 명시하여야 한다.

⑤ 개업공인중개사가 아닌 자가 중개대상물의 표시·광고를 한 경우에는 100만원 이하의 과태료에 처한다.

24 개업공인중개사가 인터넷을 이용하여 중개대상물에 대한 광고를 한 경우에 추가적으로 명시해야 할 사항을 모두 고르면 몇 개인가?

> ㉠ 중개사무소 명칭   ㉡ 중개대상물의 소재지
> ㉢ 중개사무소 소재지   ㉣ 중개대상물의 종류, 거래형태
> ㉤ 개업공인중개사의 성명   ㉥ 중개사무소 등록번호
> ㉦ 중개보조원에 관한 사항   ㉧ 건축물의 경우 그 방향

① 1개   ② 2개
③ 3개   ④ 4개
⑤ 5개

25 개업공인중개사가 「공인중개사법」을 위반한 경우의 제재 중 500만원 이하의 과태료에 처하는 경우는 모두 몇 개인가?

> ㉠ 중개대상물에 대한 표시 · 광고시 중개사무소 명칭을 명시하지 아니한 경우
> ㉡ 중개대상물이 존재하지 않아서 실제로 거래를 할 수 없는 중개대상물에 대한 표시 · 광고
> ㉢ 중개대상물에 대한 표시 · 광고시 중개보조원에 관한 사항을 명시한 경우
> ㉣ 중개대상물의 가격 등 내용을 사실과 다르게 거짓으로 표시 · 광고하거나 사실을 과장되게 하는 표시 · 광고
> ㉤ 인터넷을 이용한 중개대상물의 표시 · 광고시 중개대상물의 면적을 명시하지 아니한 경우
> ㉥ 중개대상물이 존재하지만 실제로 중개할 의사가 없는 중개대상물에 대한 표시 · 광고

① 1개   ② 2개
③ 3개   ④ 4개
⑤ 5개

26 공인중개사법령상 인터넷을 이용한 중개대상물에 대한 표시·광고에 대한 모니터링에 관한 기술로 옳은 것은 모두 몇 개인가?

> ㉠ 국토교통부장관은 중개대상물에 대한 표시·광고 모니터링 업무를 「공공기관의 운영에 관한 법률」에 따른 공공기관에 위탁할 수 있다.
> ㉡ 모니터링 업무 수탁기관은 기본 모니터링계획서를 매 분기별로 국토교통부장관에게 제출하여야 한다.
> ㉢ 모니터링 기관은 기본 모니터링 업무에 따른 결과보고서를 매 분기의 마지막 날부터 15일 이내에 국토교통부장관에게 제출하여야 한다.
> ㉣ 국토교통부장관은 제출받은 결과보고서를 시·도지사 및 등록관청 등에 통보하고 필요한 조사 및 조치를 요구할 수 있다.
> ㉤ 시·도지사 및 등록관청 등은 요구를 받으면 신속하게 조사 및 조치를 완료하고, 완료한 날부터 10일 이내에 그 결과를 국토교통부장관에게 통보해야 한다.

① 1개 ② 2개
③ 3개 ④ 4개
⑤ 5개

27 공인중개사법령상 법인인 개업공인중개사가 할 수 있는 업무는 모두 몇 개인가? (단, 다른 법률에 의하여 중개업을 할 수 있는 경우는 제외함)

> ㉠ 상가 및 주택의 임대관리 등 부동산의 관리대행업
> ㉡ 일반인을 대상으로 한 부동산 이용·개발 및 거래에 관한 상담업
> ㉢ 일반인을 대상으로 한 중개업의 경영기법제공업
> ㉣ 토지의 분양대행업
> ㉤ 미분양 주택이나 상가의 분양대행업
> ㉥ 주거이전에 부수되는 금융의 알선업
> ㉦ 부동산 개발·공급업
> ㉧ 「민사집행법」에 의한 경매대상 부동산에 대한 매수신청대리업

① 2개 ② 3개
③ 4개 ④ 5개
⑤ 6개

28 공인중개사법령상 개업공인중개사의 겸업제한에 관한 설명으로 틀린 것은?

① 개업공인중개사인 법인은 다른 개업공인중개사를 대상으로 경영정보제공업을 영위할 수 있다.

② 법인이 아닌 모든 개업공인중개사는 「민사집행법」에 따른 경매대상 부동산의 매수신청대리를 할 수 있다.

③ 개업공인중개사인 법인이 경매대상 부동산에 대한 권리분석 및 취득의 알선을 하고자 하는 경우에는 법원에 등록을 하지 않아도 된다.

④ 공인중개사인 개업공인중개사는 부동산임대업을 겸업할 수 있으나, 개업공인중개사인 법인은 그러하지 아니하다.

⑤ 개업공인중개사가 공매 대상 부동산에 대한 취득의 알선을 하는 경우 그 보수에는 공인중개사법령상 중개보수 제한에 관한 규정이 적용된다.

29 공인중개사법령상 고용인에 대한 설명 중 옳은 것은 몇 개인가?

> ㉠ 고용인의 고용신고는 전자문서로 할 수 있다.
> ㉡ 고용신고가 되지 아니한 자는 고용인으로 볼 수 없다.
> ㉢ 개업공인중개사가 고용인을 고용한 때에는 10일 이내에 신고하여야 하며, 이를 위반하면 100만원 이하의 과태료에 처한다.
> ㉣ 고용신고를 받은 등록관청은 소속공인중개사 또는 중개보조원의 결격사유 해당 여부와 교육수료 여부를 확인하여야 한다.
> ㉤ 외국인을 소속공인중개사로 고용한 경우 고용신고시에 자격증 사본을 첨부하여야 한다.
> ㉥ 외국인 고용신고시에는 결격사유 미해당 증명서류를 첨부하여야 한다.

① 1개   ② 2개
③ 3개   ④ 4개
⑤ 5개

30 공인중개사법령상 고용인에 대한 설명으로 옳은 것은?

① 개업공인중개사가 중개보조원의 고용인원 제한규정에 위반한 경우 1년 이하의 징역 또는 1천만원 이하의 벌금형에 처한다.

② 해당 중개행위를 한 소속공인중개사는 개업공인중개사와 함께 전속중개계약서에 등록인장으로 서명 및 날인하여야 한다.

③ 소속공인중개사는 중개업무를 수행하는 경우 중개의뢰인에게 본인이 소속공인중개사라는 사실을 미리 알려야 한다.

④ 고용인의 모든 행위는 그를 고용한 개업공인중개사의 행위로 추정한다.

⑤ 중개보조원이 중개의뢰인이 맡겼던 계약금을 횡령한 경우 중개업무와 관련된 행위로 볼 수 없다.

31 공인중개사법령상 개업공인중개사의 고용인에 대한 기술 중 옳은 것은?

① 고용인의 업무상의 과실로 재산상 손해를 입은 중개의뢰인은 고용인이 아닌 개업공인중개사에게만 손해배상을 청구할 수 있다.

② 개업공인중개사의 업무상 행위로 인하여 거래당사자에게 재산상 손해가 발생한 경우 고용인도 연대하여 배상책임을 진다.

③ 중개의뢰인에게 본인이 중개보조원이라는 사실을 미리 알리지 아니한 자는 100만원 이하의 과태료에 처한다.

④ 개업공인중개사가 고용인의 위반행위를 방지하기 위하여 해당업무에 관하여 상당한 주의와 감독을 다한 경우에는 양벌규정의 적용으로 인한 벌금형을 면한다.

⑤ 양벌규정을 적용받아 벌금 500만원을 선고받은 개업공인중개사는 3년간 결격사유에 해당되며, 이로 인하여 등록이 취소된다.

32 공인중개사법령상 인장등록에 관한 기술이다. 옳은 것은?

① 개업공인중개사 및 소속공인중개사는 업무를 개시하기 전에 중개행위에 사용할 인장을 등록관청에 등록하여야 한다.

② 공인중개사인 개업공인중개사의 인장등록은 중개사무소 개설등록신청과 같이 하여야 한다.

③ 모든 개업공인중개사가 등록할 인장은 성명이 나타난 인장으로써 그 크기가 가로·세로 각각 7mm 이상 30mm 이내의 것이어야 한다.

④ 법인인 개업공인중개사는 인장등록신고서에 인장을 날인하여 제출하되, 등록신청서에 인장을 날인하여 제출할 수 있다.

⑤ 법인의 분사무소에서 사용할 인장은 대표자가 보증하는 인장이어야 한다.

33 공인중개사법령상 인장등록에 관한 기술 중 옳은 것은?

① 법인인 개업공인중개사가 인장을 등록하는 경우 대표자가 「인감증명법」에 의해 신고한 인장을 등록하여야 한다.

② 개업공인중개사가 등록한 인장을 변경한 경우에는 변경한 날로부터 10일 이내에 인장등록·등록인장변경신고서를 제출하여야 한다.

③ 분사무소에서 사용할 인장은 분사무소 소재지 관할 시장·군수·구청장에게 등록하여야 한다.

④ 소속공인중개사의 인장등록은 전자문서에 의하여 등록할 수 있다.

⑤ 개업공인중개사가 중개를 완성한 경우에는 거래계약서 및 확인·설명서에 서명 또는 날인하여야 한다.

34 공인중개사법령상 휴업과 폐업에 관한 설명이다. 옳은 것은?

① 개업공인중개사가 휴업하고자 할 경우 기간에 관계없이 항상 등록관청에 신고하여야 한다.

② 휴업은 6개월을 초과할 수 없으나, 질병으로 인한 요양 등 부득이한 사유가 있는 때에는 6개월의 범위 안에서 기간 연장이 가능하다.

③ 휴업기간의 변경을 하고자 할 경우에는 7일 전에 미리 등록관청에 변경신고를 하여야 한다.

④ 개업공인중개사가 폐업을 하고자 하는 경우에는 폐업신고서에 폐업일, 폐업기간, 폐업사유를 기재하여 등록관청에 제출하여야 한다.

⑤ 관할 세무서장이 「부가가치세법」에 따라 「공인중개사법」상 휴업·폐업신고서를 받아 해당 등록관청에 송부한 경우에는 「공인중개사법」에 의한 휴업·폐업신고서가 제출된 것으로 본다.

35 공인중개사법령상 휴업과 폐업에 관한 설명으로 옳은 것은?

① 휴업·폐업·기간변경·재개신고의 서식은 동일하다.

② 폐업신고 후에 중개업을 다시 하려면 재개신고를 하면 된다.

③ 휴업신고 및 폐업신고는 전자문서에 의하여 할 수 있다.

④ 휴업기간 변경신고를 하고자 하는 개업공인중개사는 신고서에 등록증을 첨부하여야 한다.

⑤ 개업공인중개사가 업무정지처분을 받은 경우 중개사무소에 설치된 간판을 철거하여야 한다.

36 공인중개사법령상 일반중개계약에 관한 설명으로 옳은 것은?

① 중개의뢰인은 중개의뢰내용을 명확하게 하기 위하여 개업공인중개사에게 일반중개계약서의 작성을 요청할 수 있고, 이 경우 개업공인중개사는 일반중개계약서를 작성하여야 한다.

② 등록관청은 일반중개계약서의 표준서식을 정하여 개업공인중개사에게 사용을 권장할 수 있다.

③ 현행 법령상 일반중개계약서의 서식은 정해진 바가 없다.

④ 개업공인중개사가 일반중개계약서를 작성할 경우에는 법정 표준서식을 사용하여야 하고, 이를 3년간 보존하여야 한다.

⑤ 일반중개계약서를 사용하여 중개계약을 체결한 경우라도 중개의뢰인은 다른 개업공인중개사에게 중복하여 중개를 의뢰할 수 있다.

37 공인중개사법령상 전속중개계약에 관한 설명이다. 옳은 것은?

① 전속중개계약을 체결한 개업공인중개사는 전속중개계약서를 작성할 의무는 있으나, 법정 표준서식을 사용할 의무는 없다.

② 개업공인중개사는 전속중개계약서를 5년간 보존하여야 한다.

③ 개업공인중개사는 중개의뢰인이 중개대상물에 관한 정보의 비공개를 요청한 경우라도 필요에 따라 이를 공개할 수 있다.

④ 전속중개계약을 체결한 개업공인중개사는 지체 없이 중개대상물에 관한 정보를 부동산거래정보망에 공개하고, 일간신문에 광고하여 공개하여야 한다.

⑤ 전속중개계약을 체결한 개업공인중개사가 정보망을 선택하여 정보를 공개하는 경우에는 국토교통부장관으로부터 지정받은 정보망에 공개하여야 한다.

38 공인중개사법령상 전속중개계약에 관한 설명으로 옳은 것은?

① 개업공인중개사는 중개의뢰인에게 1주일에 2회 이상 중개업무 처리상황을 문서로써 통지하여야 한다.

② 전속중개계약을 체결한 개업공인중개사는 취득관련조세를 공개하여야 한다.

③ 토지의 임대에 관한 전속중개계약을 체결한 개업공인중개사는 공시지가를 공개하지 않아도 된다.

④ 전속중개계약의 유효기간 중에 중개의뢰인이 다른 개업공인중개사에게 중개를 의뢰하여 거래계약을 체결한 경우 전속개업공인중개사에게 소요비용만 지급하면 된다.

⑤ 전속중개계약의 유효기간 중에 중개의뢰인이 스스로 발견한 상대방과 거래계약을 체결한 경우에는 그가 지불하기로 한 중개보수의 50%를 소요비용으로 지급하여야 한다.

39 공인중개사법령상 부동산거래정보망과 관련한 설명으로 옳은 것은 모두 몇 개인가?

> ㉠ 거래정보사업자로 지정받고자 하는 자는 전국적으로 500인 이상, 2개 이상의 시·도에서 각각 30인 이상의 개업공인중개사를 확보하여야 한다.
> ㉡ 거래정보사업자로 지정받고자 하는 자는 개업공인중개사 1인 이상, 정보처리기사 1인 이상을 확보하여야 한다.
> ㉢ 국토교통부장관은 거래정보사업자 지정신청을 받은 때에는 이를 검토하여 3개월 이내에 거래정보사업자 지정 여부를 결정하여야 한다.
> ㉣ 거래정보사업자 지정을 신청하는 자는 지정신청서에 운영규정을 제정하여 첨부하여야 한다.
> ㉤ 거래정보사업자로 지정을 받은 자는 운영규정의 제정·승인을 받은 날로부터 1년 내에 부동산거래정보망을 설치, 운영하여야 한다.
> ㉥ 거래정보사업자가 운영규정에 위반하여 정보망을 운영한 경우에는 지정이 취소될 수 있으며, 500만원 이하의 과태료에 처한다.
> ㉦ 거래정보사업자인 법인이 해산하여 국토교통부장관이 지정을 취소하는 경우 청문을 거쳐야 한다.

① 1개   ② 2개
③ 3개   ④ 4개
⑤ 5개

40 공인중개사법령상 중개대상물 확인·설명에 대한 기술 중 옳은 것은?

① 개업공인중개사가 중개의뢰를 받은 경우 중개가 완성되기 전에 법령이 정하는 사항을 확인하여 권리이전 중개의뢰인에게 성실·정확하게 설명하여야 한다.
② 소속공인중개사가 중개의뢰를 받은 경우 해당 소속공인중개사가 확인·설명의무를 부담한다.
③ 개업공인중개사는 확인·설명사항이 공인전자문서센터에 보관된 경우를 제외하고는 확인·설명서의 사본을 5년간 보관하여야 한다.
④ 개업공인중개사가 구두로 정확하게 확인·설명을 한 경우에는 확인·설명서를 작성·교부하지 않은 경우라도 손해배상책임을 부담하지 않는다.
⑤ 개업공인중개사는 중개대상물에 근저당이 설정된 경우 그 채권최고액뿐만 아니라 실제의 피담보채무액까지 조사·확인하여 설명하여야 한다.

41 공인중개사법령상 확인·설명의무와 관련된 설명으로 옳은 것은?

① 개업공인중개사가 중개의뢰인으로부터 중개보수를 받지 않고 무상중개를 한 경우에는 확인·설명 및 확인·설명서 작성의무가 면제된다.

② 해당 중개행위를 한 소속공인중개사는 확인·설명서의 작성의무는 부담하지 않으나, 확인·설명서에 서명 및 날인의무는 부담한다.

③ 개업공인중개사는 확인·설명을 하기 위하여 매도의뢰인 등에게 입지조건 등 중개대상물의 상태에 관한 자료를 요구하여야 한다.

④ 불성실하게 설명하거나 근거자료를 제시하지 아니한 경우 소속공인중개사는 자격정지처분을 받을 수 있으며, 개업공인중개사는 등록이 취소될 수 있다.

⑤ 확인·설명서를 작성한 소속공인중개사는 이를 거래당사자에게 교부하고 3년간 보존하여야 한다.

42 공인중개사법령상 확인·설명의무에 관한 설명으로 옳은 것은?

① 중개대상물 확인·설명서에는 해당 중개행위를 한 소속공인중개사가 있는 경우에는 개업공인중개사와 함께 서명 또는 날인해야 한다.

② 공동중개의 경우, 중개대상물 확인·설명서에는 참여한 개업공인중개사 중 1인이 서명 및 날인하면 된다.

③ 소속공인중개사가 확인·설명을 함에 있어서 설명의 근거자료를 제시하지 아니한 경우에는 500만원 이하의 과태료에 처한다.

④ 해당 중개행위를 한 소속공인중개사가 확인·설명서에 서명 및 날인하지 아니한 경우에는 자격이 취소된다.

⑤ 개업공인중개사는 주택의 임대차계약을 체결하려는 중개의뢰인에게 「국세징수법」에 따라 임대인이 납부하지 아니한 국세의 열람을 신청할 수 있다는 사항을 설명하여야 한다.

43 공인중개사법령상 거래계약서의 작성의무에 관한 설명 중 옳은 것은?

① 개업공인중개사가 중개를 완성한 경우에는 국토교통부장관이 권장하는 표준서식을 사용하여 거래계약서를 작성하여야 한다.

② 거래계약서에는 공법상 제한, 취득관련 조세, 거래예정금액, 중개보수를 필수적으로 기재하여 거래당사자 쌍방에게 이를 교부하여야 한다.

③ 단순한 업무를 보조한 중개보조원도 거래계약서 및 확인·설명서에 개업공인중개사와 함께 서명 및 날인하여야 한다.

④ 공동중개에 의하여 거래계약이 체결된 경우에는 공동개업공인중개사가 각각 거래계약서에 서명 및 날인하여야 한다.

⑤ 개업공인중개사가 거래계약서 작성시 거래금액 등을 거짓으로 기재하거나 이중계약서를 작성한 경우에는 필요적 등록취소사유에 해당한다.

44 공인중개사법령상 각종 문서에 관한 설명 중 틀린 것은?

① 국토교통부장관은 거래계약서나 일반중개계약서의 표준이 되는 서식을 정하여 이의 사용을 권장할 수 있다.

② 일반중개계약서, 전속중개계약서, 확인·설명서는 모두 법정서식이 있으나, 거래계약서는 법정서식이 없다.

③ 일반중개계약서의 작성 여부는 임의사항에 속하나, 전속중개계약서는 개업공인중개사가 필수적으로 법정서식에 의하여 작성하여야 한다.

④ 거래계약서는 5년을 보존하여야 하나, 확인·설명서 및 전속중개계약서는 3년을 보존하여야 한다.

⑤ 거래계약서의 보존의무를 위반한 개업공인중개사는 100만원 이하의 과태료에 처한다.

45 공인중개사법령상 손해배상책임에 관한 기술이다. 옳은 것은?

① 개업공인중개사 등이 아닌 제3자의 중개행위로 거래당사자에게 재산상 손해가 발생한 경우 이 법에 따른 손해배상책임을 진다.

② 개업공인중개사의 중개행위로 인한 손해배상책임은 과실책임이나, 중개사무소를 타인에게 제공한 것에 대한 책임은 무과실책임이다.

③ 개업공인중개사는 거래당사자에 대하여 업무보증금 범위 내에서 손해배상책임을 진다.

④ 고용인의 업무상 행위로 개업공인중개사에게 손해배상책임이 발생한 후 공제금이 지급되었다면 공제조합은 고용인을 상대로 구상권을 행사할 수 있다.

⑤ 중개의뢰인의 개업공인중개사에 대한 손해배상청구권은 손해 및 가해자를 안 날로부터 10년간 청구권을 행사하지 않으면 시효로 소멸한다.

46 공인중개사법령상 손해배상책임과 업무보증에 관한 설명으로 옳은 것은?

① 업무보증은 등록 후 10일 이내에 설정하여야 하며, 보증의 종류를 변경하는 경우에는 이미 설정한 보증의 효력이 있는 기간 중에 하여야 한다.

② 공인중개사인 개업공인중개사가 공제에 가입하여 업무보증을 설정하고자 할 경우 공제금 2억원을 협회에 납부하여야 한다.

③ 업무보증을 설정한 개업공인중개사는 예외 없이 등록관청에 설정신고를 하여야 한다.

④ 공탁을 한 개업공인중개사가 사망한 경우에는 3년간 공탁금을 회수할 수 없으나, 폐업한 경우에는 즉시 공탁금을 회수할 수 있다.

⑤ 휴업기간(업무정지기간) 중에 보증기간이 만료된 경우 휴업기간(업무정지기간) 만료 전에만 보증을 재설정하여 업무를 개시하면 된다.

47 공인중개사법령상 업무보증설정에 관련된 기술이다. 옳은 것은?

① 중개법인은 분사무소를 설치할 때마다 2억원 이상의 보증을 주된 사무소와 별도로 설정하여야 한다.

② 보증금을 지급받고자 하면 손해배상합의서, 거래계약서 사본, 확인·설명서 사본 등을 첨부하여 보증기관에 손해배상금의 지급을 청구하여야 한다.

③ 보증보험금이나 공제금으로 손해배상금을 지급한 개업공인중개사는 15일 이내에 보증을 재설정하거나 부족금을 보전하여야 한다.

④ 공탁금으로 손해배상금을 지급한 개업공인중개사는 15일 이내에 공탁금 중 부족금을 보전하거나 보증보험이나 공제로 변경하여 업무보증을 설정할 수 있다.

⑤ 중개행위 당시의 보증기관과 손해발생 당시의 보증기관이 서로 상이한 경우 손해발생 당시의 보증기관에 보증금 지급을 신청하여야 한다.

48 공인중개사법령상 계약금 등의 예치권고제도에 관한 설명 중 옳은 것은?

① 계약금 등을 개업공인중개사 명의로 금융기관 등에 예치한 경우 해당 개업공인중개사는 자기의 개인예금통장에 함께 관리할 수 있다.

② 계약금 등이 개업공인중개사 명의로 예치된 경우 해당 개업공인중개사는 거래당사자의 동의를 받아 계약금 등을 인출할 수 있다.

③ 계약금 등을 예치한 경우 매도인·임대인 등은 법령상 인정된 보증서를 계약금 등의 예치기관에 교부하고 계약금 등을 미리 수령할 수 있다.

④ 개업공인중개사가 계약금 등의 반환채무이행 보장업무를 수행한 경우에는 권리이전 중개의뢰인으로부터 소요실비를 받을 수 있다.

⑤ 개업공인중개사는 자신의 명의로 계약금 등을 예치함에 있어서 관련의무를 위반한 경우 등록이 취소될 수 있다.

49 「공인중개사법」 제33조 제1항의 개업공인중개사 등의 금지행위에 관한 기술로 옳은 것은?

① 분양권의 매매업은 금지행위에 해당되지 않는다.

② 법정한도를 초과하는 금품수수 금지규정은 단속규정에 해당된다.

③ 중개의뢰인과 단 1회 매매계약을 체결하는 것은 금지행위에 해당되지 않는다.

④ 중개의뢰인과의 직접거래 금지규정은 효력규정에 해당된다.

⑤ 개업공인중개사가 매도의뢰인으로부터 대리권을 수여받고 매수의뢰인과 계약을 체결하는 행위는 금지행위에 해당되지 않는다.

50 「공인중개사법」 제33조 제1항의 개업공인중개사 등의 금지행위에 해당하는 것은 모두 몇 개인가?

> ㉠ 개업공인중개사가 부동산 소유자를 대리한 중개의뢰인과 해당 부동산을 거래한 행위
> ㉡ 중도금의 일부만 납부된 분양권 전매를 중개한 개업공인중개사가 중개보수를 총 분양금액에 프리미엄을 합산한 금액으로 계산하여 받은 행위
> ㉢ 개업공인중개사가 다른 개업공인중개사의 중개로 부동산을 매수하여 또 다른 개업공인중개사의 중개로 매도한 행위
> ㉣ 법령의 규정에 의하여 전매 등 권리의 변동이 제한되어 있으나 전매차익이 없다하여 부동산의 전매를 중개한 행위
> ㉤ 개업공인중개사가 토지소유자와 택지조성·분양계약을 체결하고 분양에 따른 수익금을 챙긴 행위
> ㉥ 개업공인중개사가 토지와 건물의 임차권 및 권리금·시설비의 교환계약을 중개하고 그 사례 명목으로 포괄적으로 금원을 받는 행위

① 1개　　　　　　　　　② 2개
③ 3개　　　　　　　　　④ 4개
⑤ 5개

51 「공인중개사법」상 '부동산거래질서 교란행위'에 해당하는 것은 모두 몇 개인가?

> ㉠ 개업공인중개사가 이중으로 중개사무소의 개설등록을 한 행위
> ㉡ 개업공인중개사가 부당한 이익을 얻을 목적으로 거짓으로 거래가 완료된 것처럼 꾸미는 등 중개대상물의 시세에 부당한 영향을 주거나 줄 우려가 있는 행위
> ㉢ 누구든지 안내문, 온라인 커뮤니티 등을 이용하여 특정 개업공인중개사 등에 대한 중개의뢰를 제한하거나 제한을 유도하는 행위
> ㉣ 개업공인중개사가 중개대상물이 존재하지 않아서 실제로 거래를 할 수 없는 중개대상물에 대한 표시·광고를 하는 행위
> ㉤ 개업공인중개사가 등록하지 않은 인장을 사용하는 행위

① 1개　　　　　　　　　② 2개
③ 3개　　　　　　　　　④ 4개
⑤ 5개

52 공인중개사법령상 부동산거래질서 교란행위 신고센터에 관한 설명으로 옳은 것은 모두 몇 개인가?

> ㉠ 국토교통부장관은 부동산거래질서 교란행위를 방지하기 위하여 부동산거래질서교란행위 신고센터를 설치·운영할 수 있다.
>
> ㉡ 신고센터는 제출받은 신고사항에 대해 시·도지사 및 등록관청 등에 조사 및 조치를 요구해야 한다.
>
> ㉢ 조사 및 조치 요구를 받은 시·도지사 및 등록관청 등은 신속하게 조사 및 조치를 완료하고, 완료한 날부터 15일 이내에 그 결과를 신고센터에 통보해야 한다.
>
> ㉣ 신고센터는 시·도지사 및 등록관청 등으로부터 처리결과를 통보받은 경우 신고인에게 신고사항 처리결과를 통보해야 한다.
>
> ㉤ 국토교통부장관은 신고센터의 업무를 한국토지주택공사에 위탁한다.

① 1개   ② 2개
③ 3개   ④ 4개
⑤ 5개

53 공인중개사법령상 중개보수의 범위 등에 관한 기술이다. 옳은 것은?

① 중개보수는 거래행위가 무효·취소 또는 해제된 경우에는 받을 수 없다.

② 상가의 중개보수의 한도는 국토교통부령이 정하는 범위 안에서 시·도의 조례로 정한다.

③ 분사무소에서 주택에 관한 거래완성시에는 주사무소 소재지관할 시·도의 조례가 정하는 바에 따라 중개보수를 받아야 한다.

④ 토지의 임대차를 중개한 개업공인중개사는 거래당사자 일방으로부터 거래가액의 0.9% 범위 내에서 중개보수를 받을 수 있다.

⑤ 개업공인중개사가 주택 임대차계약을 알선한 경우 임대인으로부터 거래금액의 0.9% 범위 내에서 중개보수를 받을 수 있다.

54 공인중개사법령상 중개보수와 실비 등에 관한 기술이다. 옳은 것은?

① 환산합산보증금이 5천만원 미만인 임대차인 경우에는 주택에 한하여 월 차임액에 70을 곱한 금액의 합계액을 거래금액으로 한다.

② 중개대상물인 건축물이 주거용의 면적과 비주거용의 면적이 동일한 경우는 비주거용 건축물에 관한 중개보수규정을 적용한다.

③ 주거용 오피스텔(전용면적 90m²)의 중개보수는 일방으로부터 매매·교환은 0.5%, 임대차 등은 0.4% 범위에서 중개보수를 결정한다.

④ 중개보수의 지급시기는 개업공인중개사와 중개의뢰인 간의 약정에 따르되, 약정이 없을 때에는 거래계약이 체결된 날로 한다.

⑤ 중개대상물의 권리관계 등의 확인에 소요되는 실비는 영수증을 첨부하여 매도·임대 그 밖의 권리를 이전하고자 하는 중개의뢰인에게 청구할 수 있다.

55 공인중개사법령상 포상금제도에 관한 기술로 옳은 것은?

① 수사기관에 거짓 그 밖의 부정한 방법으로 등록한 자를 신고·고발한 자에 대하여는 수사기관이 포상금을 지급한다.

② 포상금은 1건당 50만원으로 하며, 소요비용 중 국고에서 보조할 수 있는 비율은 100분의 50 이내로 한다.

③ 포상금은 신고·고발 대상자에 대한 형사소송에서 징역형이나 벌금형이 확정되어야 지급한다.

④ 등록관청은 포상금지급신청이 있는 때에는 신청일부터 2개월 이내에 포상금을 지급하여야 한다.

⑤ 등록관청은 하나의 사건에 대하여 2건 이상의 신고 또는 고발이 접수된 경우에는 각 신고인에게 법정포상금을 지급한다.

56 공인중개사법령상 포상금 관련 신고·고발 대상이 되는 위반행위는 모두 몇 가지인가?

> ㉠ 공인중개사 자격을 부정한 방법으로 취득한 행위
> ㉡ 개업공인중개사가 중개대상물이 존재하지 않아서 실제로 거래를 할 수 없는 중개대상물에 대한 표시·광고를 하는 행위
> ㉢ 개업공인중개사가 아닌 자가 중개대상물에 대한 표시·광고하는 행위
> ㉣ 개업공인중개사 등이 법정보수 또는 실비를 초과하여 금품을 받는 행위
> ㉤ 개업공인중개사 등이 중개의뢰인과 직접거래를 하거나 거래당사자 쌍방을 대리하는 행위
> ㉥ 개업공인중개사 등이 부당한 이익을 얻을 목적으로 중개대상물의 시세에 부당한 영향을 주거나 줄 우려가 있는 행위
> ㉦ 개업공인중개사 등이 단체를 구성하여 특정 중개대상물에 대하여 중개를 제한하거나 단체 구성원 이외의 자와 공동중개를 제한하는 행위
> ㉧ 안내문, 온라인 커뮤니티를 이용하여 특정 가격 이하로 중개를 의뢰하지 아니하도록 유도하는 행위를 함으로써 개업공인중개사의 업무를 방해하는 행위

① 1개
② 2개
③ 3개
④ 4개
⑤ 5개

57 공인중개사법령상 공인중개사협회에 대한 설명 중 옳은 것은?

① 협회에 관하여 이 법에 규정된 것 외에는 「민법」 중 재단법인에 관한 규정이 적용된다.
② 협회는 회원 300인 이상이 발기인이 되어 정관을 작성하여 창립총회의 의결을 거친 후 국토교통부장관의 허가를 받음으로써 성립한다.
③ 협회는 주된 사무소를 서울특별시에 두어야 하고, 정관이 정하는 바에 따라 특별시·광역시·도에 지부, 시·군·구에 지회를 두어야 한다.
④ 협회의 지부나 지회를 설치한 경우에는 국토교통부장관에게 신고하여야 한다.
⑤ 공인중개사협회의 지부·지회에 대한 감독은 국토교통부장관이 행한다.

58 **공인중개사법령상 공인중개사협회에 대한 설명 중 옳은 것은?**

① 협회가 공제사업 운용실적 공시의무를 위반한 경우에는 100만원 이하의 과태료에 처한다.

② 국토교통부장관은 협회의 임원이 공제사업을 불건전하게 운영할 우려가 있는 경우 그 임원에 대한 징계·해임을 요구할 수 있다.

③ 공제사업운영위원회는 국토교통부에 두며, 위원의 수는 총 19명 이내로 한다.

④ 운영위원회는 성별을 고려하여 구성하되, 협회 회장과 협회 임원 중에서 선임된 위원은 전체 위원 수의 2분의 1 미만으로 한다.

⑤ 공제사업 운영위원회의 위원 중 공무원인 자와 협회 회장을 제외한 위원의 임기는 3년으로 하고, 연임할 수 없다.

59 **공인중개사법령상 공인중개사협회의 공제사업에 관한 기술로 옳은 것은?**

① 협회가 공제사업을 하고자 하면 공제규정을 제정하여 국토교통부장관에게 보고하여야 하다.

② 공제사업과 관련된 책임준비금의 적립비율은 협회 총수입액의 100분의 20 이상으로 정한다.

③ 책임준비금을 전용한 경우에는 국토교통부장관에게 보고하여야 한다.

④ 지급여력비율은 지급여력금액을 지급여력기준금액으로 나눈 비율로 하되, 100% 이상으로 유지하여야 한다.

⑤ 공제계약 당시에 공제사고의 발생이 확정되어 있는 것을 대상으로 한 협회와 개업 공인중개사 간의 공제계약도 유효하게 성립할 수 있다.

60 **공인중개사법령상 행정처분절차에 관한 기술이다. 옳은 것은?**

① 무등록중개업자 및 중개보조원은 행정처분의 대상자는 아니나, 행정형벌의 대상 자가 될 수는 있다.

② 등록관청이 개업공인중개사에 대하여 업무정지처분을 하고자 하면 청문절차를 거쳐야 한다.

③ 등록관청은 법인의 해산을 이유로 등록을 취소하는 경우 사전에 청문을 거쳐야 한다.

④ 등록관청이 개업공인중개사에 대하여 등록취소처분을 한 때에는 이를 5일 이내에 시·도지사에게 보고하여야 한다.

⑤ 시·도지사가 자격취소·자격정지처분을 한 경우에는 10일 이내에 협회에 통보하여야 한다.

61 공인중개사법령상 행정처분에 관한 기술로 옳은 것은?

① 등록취소나 업무정지처분을 받은 자는 7일 이내에 등록증을 반납하여야 한다.

② 개인인 개업공인중개사의 사망으로 등록이 취소된 경우에도 등록증을 반납하여야 한다.

③ 휴업·폐업신고를 하거나 중개사무소 이전신고를 하는 경우에는 자격증을 반납하지 않아도 된다.

④ 자격증교부 시·도지사와 사무소 소재지관할 시·도지사가 서로 다른 경우에는 자격증교부 시·도지사가 자격취소나 자격정지처분에 필요한 절차를 모두 이행하여야 한다.

⑤ 개업공인중개사에게 등록취소사유가 발생한 날부터 3년이 경과한 때에는 해당 행정처분을 할 수 없다.

62 공인중개사법령상 행정처분 및 벌칙에 관한 내용으로 옳은 것은?

① 폐업신고 전의 업무정지사유 또는 과태료처분사유로 행한 처분의 효과는 폐업일로부터 1년간 재등록한 개업공인중개사에게 승계된다.

② 재등록개업공인중개사가 폐업신고 전에 등록취소사유에 해당하는 위반행위를 한 경우라도 폐업기간이 1년을 초과한 경우에는 해당 행정처분을 할 수 없다.

③ 재등록개업공인중개사가 폐업신고 전의 위법행위로 인하여 등록이 취소된 경우에는 3년간 결격사유에 해당된다.

④ 공인중개사가 자격취소처분을 받으면 3년간 결격사유에 해당되며, 자격취소 후 3년간 공인중개사 시험에 응시할 수 없다.

⑤ 국토교통부장관, 시·도지사, 등록관청이 과태료처분을 하고자 하면 사전에 청문절차를 거쳐야 한다.

63 공인중개사법령 위반에 대한 제재에 관한 기술로 옳은 것은?

① 위반행위가 둘 이상인 경우에는 각 업무정지기간을 합산한 기간을 넘지 않는 범위에서 가장 무거운 처분기간의 2분이 1 범위에서 가중한다.

② 등록관청이 업무정지기간을 가중하는 경우에도 총 업무정지기간을 9개월까지 가중할 수 있다.

③ 등록관청은 위반행위가 사소한 부주의나 오류 등 과실로 인한 것으로 인정되는 경우에는 개별기준에 따른 업무정지기간의 2분의 1의 범위에서 늘릴 수 있다.

④ 과태료의 부과기준은 국토교통부령이 정한 바에 의한다.

⑤ 과태료를 체납하고 있는 위반행위자에 대해서도 과태료 금액을 줄일 필요가 있다고 인정되는 경우에는 개별기준에 따른 과태료 금액의 2분의 1의 범위에서 그 금액을 줄일 수 있다.

64 공인중개사법령상 과태료 부과대상자가 아닌 것은?

① 연수교육을 정당한 사유 없이 받지 아니한 소속공인중개사

② 휴업신고를 하지 아니하고 4개월을 휴업한 개업공인중개사

③ 공인중개사 자격취소에 따른 자격증을 반납하지 아니한 자

④ 중개대상물에 대한 표시·광고시 중개보조원에 관한 사항을 명시한 개업공인중개사

⑤ 개업공인중개사가 아닌 자로서 중개업을 하기 위하여 중개대상물에 대한 표시·광고를 한 자

65 각종 공인중개사법령 위반시 제재의 부과권자, 부과대상자, 부과내용, 제재가 옳게 연결된 것은?

① 등록관청 - 자격취소 후 자격증 미반납한 자 - 100만원 이하의 과태료

② 시·도지사 - 성실하게 확인·설명을 하지 않은 소속공인중개사 - 500만원 이하의 과태료

③ 시·도지사 - 간판철거의무 위반 개업공인중개사 - 100만원 이하의 과태료

④ 등록관청 - 고용신고의무를 위반한 개업공인중개사 - 업무정지처분

⑤ 국토교통부장관 - 정당한 사유 없이 광고관련 모니터링을 위하여 요구한 자료의 제출에 불응한 정보통신서비스 제공자 - 100만원 이하의 과태료

66 부동산 거래신고 등에 관한 법령상 부동산거래 신고대상은 모두 몇 개인가?

> ㉠ 전용면적 60㎡인 아파트 매매계약
> ㉡ 토지나 건축물의 지분 매매계약
> ㉢ 입목·공장재단·광업재단의 매매계약
> ㉣ 토지나 건축물의 교환계약
> ㉤ 상속·경매에 의한 부동산 등의 취득
> ㉥ 상가건물에 대한 임대차계약
> ㉦ 「건축법」에 따른 부동산 공급계약
> ㉧ 「빈집 및 소규모주택 정비에 관한 특례법」에 따른 사업시행계획의 인가로 인하여 취득한 입주자로 선정된 지위의 매매계약

① 1개   ② 2개

③ 3개   ④ 4개

⑤ 5개

67 부동산 거래신고 등에 관한 법령에 관한 기술로 옳은 것은?

① 건축물의 매매계약을 체결한 거래당사자는 잔금지급일로부터 60일 이내에 공동으로 부동산거래신고를 하여야 한다.

② 거래당사자 중 일방이 지방자치단체인 경우 거래당사자는 공동으로 신고하여야 한다.

③ 부동산거래신고 대상계약은 매매·교환·증여 등이다.

④ 중개거래의 경우 거래당사자 일방이 국가 등인 경우라도 개업공인중개사가 신고하여야 한다.

⑤ 개업공인중개사의 부동산거래신고의 관할청은 중개사무소 소재지 관할 등록관청이다.

68 부동산 거래신고 등에 관한 법령상 부동산거래신고제에 관한 설명으로 옳은 것은?

① 공인중개사법령상 모든 중개대상물의 매매계약은 부동산거래신고를 해야 한다.

② 토지거래허가구역 내의 토지에 대하여 허가를 받아 매매계약이 체결된 경우 거래당사자는 부동산거래신고를 하지 않아도 된다.

③ 외국인 등이 취득특례규정상 취득허가를 받은 경우 부동산거래신고를 하지 않아도 된다.

④ 공동중개에 의하여 부동산 등에 대한 매매계약이 체결된 경우에는 해당 개업공인중개사가 공동으로 부동산거래신고를 하여야 한다.

⑤ 거래당사자의 주소·전화번호의 사항을 정정하는 경우에는 해당 거래당사자가 신고필증에 공동으로 서명 또는 날인하여 정정신청을 하여야 한다.

69 부동산 거래신고 등에 관한 법령상 부동산거래신고제에 관한 기술이다. 옳은 것은?

① 개업공인중개사의 신고서 제출을 대행하는 소속공인중개사는 개업공인중개사의 신분증 사본이 첨부된 위임장을 신고관청에 제출하여야 한다.

② 매수인 외의 자가 자금조달·입주계획서를 제출하는 경우 매수인은 신고하려는 자에게 거래계약 체결일부터 30일 이내에 계획서를 제공하여야 한다.

③ 거래당사자 중 매수인이 국가 등인 경우에는 국가 등이 거래대상 주택의 취득에 필요한 자금조달계획과 입주계획을 신고하여야 한다.

④ 「주택법」상 투기과열지구 또는 조정대상지역 이외의 지역에 소재하는 실제 거래가격이 5억원인 주택의 매수인은 자금조달계획 및 지급방식과 주택의 이용계획을 신고사항에 포함시켜야 한다.

⑤ 투기과열지구에 소재하는 주택의 매수인은 거래가액을 불문하고 자금조달계획을 증명하는 서류로서 국토교통부령이 정하는 서류를 별도로 제출하여야 한다.

70 부동산 거래신고 등에 관한 법령상 부동산거래신고제에 관한 기술로 틀린 것은?

① 법인이 주택거래계약을 체결한 경우에는 법인의 등기현황 및 법인과 거래상대방 간의 관계를 신고사항에 포함시켜야 한다.

② 법인이 주택의 매수자인 경우에는 주택 취득목적 및 취득자금 등에 관한 사항을 신고사항에 포함시켜야 한다.

③ 「수도권정비계획법」상 수도권에 소재하는 실제 거래가격 3억원인 토지를 매수하는 자는 취득자금조달계획과 이용계획을 신고사항에 포함시켜야 한다.

④ 단독으로 해제 등을 신고하려는 자는 판결문 등 해제 등이 확정된 사실을 입증할 수 있는 서류와 단독신고사유서를 첨부하여 신고관청에 제출해야 한다.

⑤ 개업공인중개사가 부동산거래신고를 한 후 거래계약이 해제 등이 된 경우 해당 개업공인중개사가 해제등의 신고를 하여야 한다.

71 부동산 거래신고 등에 관한 법령상 부동산거래계약신고서 작성에 관한 설명으로 옳은 것은 모두 몇 개인가?

> ㉠ 거래당사자가 외국인인 경우 거래당사자의 국적을 반드시 기재하여야 한다.
> ㉡ 거래당사자가 다수인 경우 매수인 또는 매도인 각자의 거래지분 비율을 표시한다.
> ㉢ 외국인 등이 부동산 등을 매수하는 경우 매수용도를 적어야 한다.
> ㉣ 거래대상 면적에는 실제 거래면적을 계산하여 적되, 집합건축물의 경우 연면적을 기재한다.
> ㉤ 최초 공급계약 또는 전매계약의 경우 각각의 비용에 부가가치세가 있는 경우 부가가치세를 제외한 금액으로 기재한다.
> ㉥ 둘 이상의 부동산을 함께 거래하는 경우에는 물건별 거래가격란에는 합산액을 기재한다.

① 1개   ② 2개

③ 3개   ④ 4개

⑤ 5개

72 부동산 거래신고 등에 관한 법령상 주택임대차신고제에 관한 기술로 옳은 것은 모두 몇 개인가?

> ㉠ 보증금 6천만원 이상이고, 월차임 30만원 이상인 주택 임대차계약에 한하여 신고대상이며, 보증금·차임의 증감 없는 갱신계약도 신고해야 한다.
>
> ㉡ 주택 임대차계약을 체결한 당사자 중 일방이 국가 등인 경우 거래당사자가 공동으로 신고하여야 한다.
>
> ㉢ 주택 임대차계약을 중개한 개업공인중개사는 단독으로 주택 임대차계약 신고를 하여야 한다.
>
> ㉣ 주택 임대차계약을 신고할 때 계약을 갱신한 경우 계약갱신요구권 행사 여부는 신고사항에 해당한다.
>
> ㉤ 주택임차인이 「주민등록법」에 따라 전입신고를 한 경우에도 이 법에 따른 주택임대차계약의 신고를 별도로 하여야 한다.
>
> ㉥ 계약당사자는 주택 임대차신고를 한 후 보증금·차임 등 임대차가격이 변경된 때에는 변경이 확정된 날부터 30일 이내에 공동으로 신고하여야 한다.

① 1개   ② 2개
③ 3개   ④ 4개
⑤ 5개

73 부동산 거래신고 등에 관한 법령 위반에 따른 제재로서 옳은 것은?

① 부동산 거래신고를 하지 아니한 자 ⇨ 100만원 이하의 과태료

② 부동산 거래신고에 대하여 거짓신고를 조장한 자 ⇨ 해당 부동산 등의 취득가액의 100분의 10 이하의 과태료

③ 신고 의무자가 아닌 자로서 거짓된 내용의 부동산 거래신고를 한 자 ⇨ 500만원 이하의 과태료

④ 신고내용의 조사 등에 위반하여 거래대금 지급증명자료를 제출하지 아니하거나 거짓으로 제출한 자 ⇨ 3천만원 이하의 과태료

⑤ 부당하게 재물이나 재산상 이득을 취득할 목적으로 부동산 매매계약을 체결하지 아니하였음에도 불구하고 거짓으로 부동산 거래신고를 한 자 ⇨ 3천만원 이하의 과태료

74 부동산 거래신고 등에 관한 법령상 부동산거래신고제와 관련하여 위반행위를 자진 신고한 자에 대하여 과태료를 감면할 수 있다. 해당되는 자는 모두 몇 명인가?

> ㉠ 부동산 거래신고를 하지 아니한 자
> ㉡ 부동산 거래신고를 거짓으로 한 자
> ㉢ 거짓으로 부동산 거래신고를 하도록 조장·방조한 자
> ㉣ 거래대금지급증명자료를 제출하지 아니한 자
> ㉤ 부동산거래 신고대상 계약을 체결하지 아니하였음에도 불구하고 거짓으로 부동산 거래신고를 하는 행위를 한 자

① 1명
② 2명
③ 3명
④ 4명
⑤ 5명

75 부동산 거래신고 등에 관한 법령상 부동산거래신고제와 관련한 포상금제도에 대한 기술로 옳은 것은?

① 신고관청은 거래대금지급증명자료를 제출하지 아니한 자를 신고·고발한 자에게 포상금을 지급할 수 있다.

② 신고의무자인 개업공인중개사로서 부동산 등의 실제 거래가격을 거짓으로 신고한 자를 신고·고발한 자는 포상금을 지급받을 수 있다.

③ ②의 경우 공소제기 또는 기소유예의 결정이 있는 경우에 한하여 포상금을 지급하여야 한다.

④ 공무원이 직무와 관련하여 발견한 사실을 신고하거나 고발한 경우에도 포상금을 지급받을 수 있다.

⑤ 해당 위반행위를 하거나 위반행위에 관여한 자가 신고하거나 고발한 경우에도 포상금을 지급받을 수 있다.

76 부동산 거래신고 등에 관한 법령상 부동산거래신고제와 관련한 포상금의 지급에 대한 기술이다. 옳은 것은 모두 몇 개인가?

> ㉠ 신고서를 제출받은 신고관청은 포상금 지급 여부를 결정하고 이를 신고인 또는 고발인에게 알려야 한다.
>
> ㉡ 포상금 지급 결정을 통보받은 신고인 또는 고발인은 포상금 지급신청서를 작성하여 신고관청에 제출하여야 한다.
>
> ㉢ 신고관청은 신청서가 접수된 날부터 1개월 이내에 신고·고발한 자에게 포상금을 지급하여야 한다.
>
> ㉣ 포상금은 신고를 거짓으로 한 자에게 부과되는 과태료의 100분의 20에 해당하는 금액을 지급한다.
>
> ㉤ 포상금 지급에 드는 비용은 시·군·구의 재원으로 충당하되, 국고 보조비율은 50% 이내로 한다.

① 1개 ② 2개
③ 3개 ④ 4개
⑤ 5개

77 부동산 거래신고 등에 관한 법령상 외국인 등의 부동산 등의 취득특례규정에 대한 설명이다. 옳은 것은?

① 외국정부는 이 법에 따른 외국인 등에 해당하지 아니한다.
② 대한민국 국민이 해외영주권을 취득한 경우에는 이 법상 외국인 등에 해당한다.
③ 외국인 등이 건축물의 신축으로 인하여 소유권을 취득한 경우에는 본 특례규정에 따른 취득신고를 하지 않아도 된다.
④ 외국인 등이 매매계약을 체결하고 부동산거래신고를 한 경우에는 특례규정에 의한 별도의 취득신고를 하지 않아도 된다.
⑤ 본 특례규정은 외국인 등이 국내 부동산 등에 대한 임대차계약을 체결한 경우에도 적용된다.

78 부동산 거래신고 등에 관한 법령상 외국인 등의 부동산 등의 취득특례에 대한 설명이다. 옳은 것은?

① 외국인 등이 국내 부동산을 취득하고자 증여계약을 체결한 경우에는 60일 이내에 신고관청에 신고하여야 하며, 위반시에는 해당 증여계약이 무효로 된다.

② 외국인 등이 경매로 국내 부동산을 취득한 경우에는 매각결정기일로부터 6개월 이내에 시장·군수 또는 구청장에게 신고하여야 하며, 위반시에는 300만원 이하의 과태료에 처한다.

③ 대한민국 국민이었던 자가 외국인으로 변경된 후 국내 부동산을 계속 보유하고자 하는 경우 부동산 취득일로부터 6개월 이내에 계속보유신고를 하여야 한다.

④ 외국인 등이 「수도법」상 상수원보호구역 내의 토지를 취득하려면 사전에 관할청의 허가를 받아야 한다.

⑤ 외국인 등이 생태·경관보전지역 내의 토지에 지상권설정계약을 체결하는 경우에는 사전에 허가를 받지 않아도 된다.

79 부동산 거래신고 등에 관한 법령상 외국인 등의 부동산 등의 취득특례에 대한 설명으로 옳은 것은?

① 「군사기지 및 군사시설보호법」에 따른 군사기지 및 군사시설 보호구역 안의 토지를 취득하고자 하는 외국인 등의 허가신청을 받은 신고관청은 허가신청을 받은 날부터 15일 이내에 허가 또는 불허가 처분을 하여야 한다.

② 외국인 등이 토지거래허가구역 내의 토지를 취득하면서 토지거래계약허가를 받은 경우에는 특례규정에 의한 취득허가를 다시 받지 않아도 된다.

③ 부동산 등의 취득신고를 하지 아니하거나 거짓으로 신고한 외국인 등은 2년 이하의 징역 또는 2천만원 이하의 벌금에 처한다.

④ 신고관청은 신고 및 허가사항을 취합하여 분기종료일로부터 1개월 이내에 국토교통부장관에게 직접 제출하여야 한다.

⑤ 외국인 등이 취득신고규정 위반사실을 자진 신고한 경우라도 과태료를 감경 또는 면제받을 수 없다.

80 부동산 거래신고 등에 관한 법령상 토지거래허가제에 관한 기술로 옳은 것은 모두 몇 개인가?

> ㉠ 토지거래허가구역의 지정권자는 국토교통부장관 또는 시·도지사이다.
> ㉡ 토지이용계획이 새로이 수립되는 지역은 토지의 투기적 거래나 지가의 급격한 상승이 우려되지 않아도 토지거래허가구역으로 지정할 수 있다.
> ㉢ 법령의 제정 또는 개정으로 인하여 토지이용에 대한 행위제한이 강화되는 지역도 토지거래허가구역으로 지정할 수 있다.
> ㉣ 국토교통부장관은 관계 시·도지사로부터의 허가구역 지정해제의 요청이 이유 있다고 인정되면 도시계획위원회의 심의를 거치지 않고 허가구역을 해제할 수 있다.
> ㉤ 허가구역 지정 당시 기준면적 이하인 토지를 허가구역 지정 후 분할하였다면 분할 후 최초의 거래라 할지라도 허가를 받을 필요가 없다.
> ㉥ 허가구역 내의 토지를 경매를 통하여 취득하는 경우 토지거래허가를 받은 필요는 없으나, 부동산거래신고는 하여야 한다.
> ㉦ 허가구역 내의 농지를 매매로 취득하는 경우 토지거래허가를 받아야 하며, 농지취득자격증명도 발급받아야 한다.
> ㉧ 허가 또는 변경허가를 받지 아니하고 토지거래계약을 체결한 자는 2년 이하의 징역이나 2천만원 이하의 벌금형에 처한다.

① 1개 ② 2개
③ 3개 ④ 4개
⑤ 5개

81 부동산 거래신고 등에 관한 법령상 토지거래허가제와 관련하여 허가받은 목적대로 이용하지 않은 경우의 조치 및 제재에 대한 기술 중 옳은 것은?

① 시장·군수·구청장은 토지이용의무를 이행하지 아니한 자에 대하여는 6개월 이내의 기간을 정하여 토지이용의무를 이행하도록 명할 수 있다.
② 이행명령이 정하여진 기간에 이행되지 아니하는 경우 해당 토지 공시지가의 100분의 10의 범위에서 이행강제금을 부과한다.
③ 토지거래계약 허가를 받아 토지를 취득한 자가 직접 이용하지 않고 임대한 경우에는 토지취득가액의 100분의 10에 상당하는 금액의 이행강제금을 부과한다.
④ 허가관청은 최초의 이행명령이 있었던 날을 기준으로 하여 1년에 2회씩 그 이행명령이 이행될 때까지 이행강제금을 부과·징수할 수 있다
⑤ 토지거래허가를 받은 자가 허가기준에 적합하게 당초의 이용목적을 변경하는 경우로서 시장·군수 또는 구청장의 승인을 얻은 경우에는 토지이용의무가 면제된다.

82 부동산 거래신고 등에 관한 법령상 매수청구제도와 선매제도에 관한 기술로 틀린 것은?

① 매수청구는 불허가처분시 할 수 있고, 선매는 허가신청이 있는 경우 공익사업용 토지 등에 대하여 할 수 있다.

② 매수청구는 불허가처분의 통지를 받은 날부터 1개월 이내에, 선매자 지정통지는 허가신청이 있는 날부터 1개월 이내에 하여야 한다.

③ 매수청구의 대상권리는 소유권 또는 지상권이고, 선매의 대상권리는 소유권에 한한다.

④ 매수청구된 토지의 매수가격은 원칙적으로 공시지가를 기준으로 하고, 선매가격은 원칙적으로 감정가격을 기준으로 한다.

⑤ 시장·군수·구청장은 선매협의가 이루어지지 아니한 경우에는 지체 없이 토지거래계약의 허가신청에 대하여 불허가처분을 하여야 한다.

83 부동산 거래신고 등에 관한 법령상 토지거래허가제와 관련된 기술로 옳은 것은 모두 몇 개인가?

> ㉠ 허가관청은 토지거래를 허가받은 자가 허가받은 목적대로 이용하고 있는지를 매년 2회 이상 토지의 개발 및 이용 등의 실태를 조사하여야 한다.
>
> ㉡ 국토교통부장관, 시·도지사, 시장·군수 또는 구청장은 토지거래계약에 관한 허가를 받은 자가 그 토지를 허가받은 목적대로 이용하지 아니한 경우 허가 취소 또는 그 밖에 필요한 처분을 하거나 조치를 명할 수 있다.
>
> ㉢ 국토교통부장관, 시·도지사, 시장·군수 또는 구청장은 토지거래계약 허가의 취소처분을 하려면 청문을 하여야 한다.
>
> ㉣ 허가취소, 처분 또는 조치명령을 위반한 자는 2년 이하의 징역 또는 해당 토지가액의 30%에 해당하는 금액 이하의 벌금에 처한다.
>
> ㉤ 토지거래계약허가를 받아 취득한 토지에 대하여 허가받은 목적대로 이용하지 아니한 자를 신고한 경우에는 그 신고사건에 대한 수사기관의 공소제기 또는 기소유예처분이 있는 경우에 포상금을 지급하여야 한다.
>
> ㉥ 포상금은 1건당 50만원으로 하되, 포상금 지급에 소요되는 비용은 100분의 50 이내에서 국고에서 보조할 수 있다.
>
> ㉦ 포상금은 신청서가 접수된 날부터 1개월 이내에 지급하여야 한다.

① 1개   ② 2개

③ 3개   ④ 4개

⑤ 5개

84 분묘기지권에 대한 기술이다. 옳은 것은?

① 분묘기지권의 효력이 미치는 범위 내에서는 기존의 분묘 외에 새로운 분묘를 신설할 권능이 포함되어 있다.

② 분묘기지권은 권리자가 분묘의 봉·제사를 계속하고 그 분묘가 존속하는 한 계속되는 것이므로 당사자의 약정으로 존속기간을 제한할 수 없다.

③ 분묘의 소유를 위하여 분묘기지에 관한 지상권 유사의 물권을 시효로 취득한 경우 그 권리는 종손에 속하는 것이다.

④ 분묘기지권을 시효로 취득하기 위한 점유는 소유의 의사를 필요로 하며, 시효취득한 경우에는 지료를 지급하지 않아도 된다.

⑤ 분묘가 멸실된 경우 유골이 존재하여 분묘의 원상회복이 가능한 정도의 일시적 멸실에 불과하더라도 분묘기지권은 소멸한다.

85 「장사 등에 관한 법률」에 관한 설명이다. 틀린 것은?

① 이 법 시행 후에 타인의 토지에 무단설치한 분묘는 시효취득이 인정되지 않는다.

② 매장을 하거나 개인묘지를 설치한 자는 30일 이내에 관할 시장 등에게 신고하여야 한다.

③ 이 법 시행 전에 타인의 토지에 무단으로 설치한 분묘라도 법 시행 이후에 시효기간이 완성된 경우에는 분묘기지권을 시효취득할 수 없다.

④ 토지소유자의 승낙없이 분묘를 설치한 경우 해당 토지소유자 등은 관할청의 허가를 받아 분묘에 매장된 유골을 개장할 수 있다.

⑤ 시장 등은 묘지의 설치·관리를 목적으로 「민법」에 따라 설립된 재단법인에 한정하여 법인묘지의 설치·관리를 허가할 수 있다.

86 「장사 등에 관한 법률」에 관한 설명이다. 옳은 것은?

① 이 법이 시행되기 전에 성립된 분묘기지권이라도 그 존속기간이 최장 60년을 초과할 수 없다.

② 관할청은 조례가 정하는 바에 따라 5년 이상 30년 미만의 기간 내에서 분묘의 최초 설치기간을 단축할 수 있다.

③ 설치기간이 종료된 분묘의 연고자는 설치기간이 종료된 날부터 6개월 이내에 해당 분묘에 설치된 시설물을 철거하고 매장된 유골을 화장·봉안하여야 한다.

④ 개인 자연장지의 조성은 사후신고사항이나, 문중 자연장지의 조성은 사전허가사항이다.

⑤ 문중 자연장지는 그 면적이 2,000m²를 초과할 수 없다.

87 중개대상물 확인 · 설명서에 관한 다음 보기를 보고 질문에 답을 고르시오.

> ① 권리관계(등기부 기재사항)
> ② 임대차 확인사항 중 확정일자 부여현황 정보
> ③ 입지조건 중 교육시설
> ④ 관리에 관한 사항 중 관리비
> ⑤ 취득시 부담할 조세의 종류 및 세율
> ⑥ 실제 권리관계 또는 공시되지 않은 물건의 권리사항
> ⑦ 내부 · 외부 시설물의 상태
> ⑧ 환경조건
> ⑨ 현장안내
> ⑩ 중개보수 및 실비의 금액과 산출내역

(1) 모든 서식(4가지)에 공통적 기재사항을 모두 고르시오.(_____)

(2) 주거용 건축물 서식(Ⅰ)에만 기재하는 사항을 모두 고르시오.(_____)

(3) 개업공인중개사의 세부확인사항을 모두 고르시오.(_____)

(4) 임대차를 중개하는 경우 기재사항에서 제외되는 것을 고르시오.(_____)

88 중개대상물 확인 · 설명서에 대한 기술로 옳은 것은?

① 확인 · 설명서[Ⅱ] 서식(비주거용 건축물)에는 비선호시설을 확인하여 기재하여야 한다.

② 주거용 건축물 확인 · 설명서[Ⅰ]를 작성하는 경우 단독경보형감지기는 아파트에 한하여 기재하되, 개업공인중개사의 세부확인사항에 해당한다.

③ 주택을 중개한 경우 임대차 확인사항 중 민간임대등록 여부 및 계약갱신요구권 행사 여부는 기본확인사항에 해당한다.

④ 중개보수는 법정 요율 범위 내에서 중개의뢰인과 개업공인중개사가 서로 협의하여 결정하며, 부가가치세는 보수에 포함된 것으로 본다.

⑤ 근저당 등이 설정된 경우에는 실제의 피담보채무액을 확인하여 기재하고, 그 밖에 경매 및 공매 등의 특이사항이 있는 경우 이를 확인하여 기재한다.

89 부동산 실권리자 명의등기에 관한 법령에 대한 기술 중 옳은 것은 몇 개인가?

> ㉠ 소유권보존등기를 타인명의로 한 경우 명의신탁약정은 무효가 되며, 명의신탁에 의한 소유권보존등기도 무효가 된다.
>
> ㉡ 명의신탁한 부동산을 명의수탁자가 임의로 제3자에게 매각한 경우 제3자는 선의의 경우에만 그 부동산의 물권을 취득할 수 있다.
>
> ㉢ 배우자 명의로 부동산에 관한 물권을 등기한 경우 조세포탈 등의 목적이 없으면 그 등기는 유효하다.
>
> ㉣ 부동산실명법을 위반한 2자간 명의신탁의 경우 명의수탁자가 신탁받은 부동산을 임의로 처분하면 명의신탁자에 대한 관계에서 횡령죄가 성립한다.
>
> ㉤ 명의신탁약정 금지규정을 위반한 신탁자에게는 부동산 평가액의 30%에 해당하는 금액의 과징금을 확정금액으로 하여 부과한다.
>
> ㉥ 타인 명의로 부동산에 관한 물권을 등기한 명의신탁자가 후일 실명등기를 한 이후에 적발된 경우에는 과징금을 부과하지 않는다.
>
> ㉦ 명의신탁자가 과징금을 부과받고도 1년 내에 그의 명의로 등기하지 아니한 경우에는 부동산 평가액의 20%를 이행강제금으로 부과한다.
>
> ㉧ 시장·군수·구청장은 명의수탁자에 대하여도 명의신탁자와 동일하게 과징금 및 이행강제금을 부과하여야 한다.
>
> ㉨ 명의신탁자는 5년 이하의 징역 또는 2억원 이하의 벌금, 명의수탁자는 3년 이하의 징역 또는 1억원 이하의 벌금에 처한다.

① 1개   ② 2개
③ 3개   ④ 4개
⑤ 5개

90 「주택임대차보호법」에 관한 설명 중 옳은 것은?

① 임대차계약이 법정갱신된 경우 임차인과 임대인은 언제든지 계약해지를 통고할 수 있다.

② 입주와 주민등록을 마치고 계약서에 확정일자를 받으면 후일 보증금을 반환받지 못할 경우 이로써 주택에 대한 경매를 신청할 수 있다.

③ 주택에 대한 저당권설정일과 임차인의 입주·주민등록·확정일자를 받은 날이 모두 같은 경우에는 경매시에 임차인은 저당권자보다 우선하여 보증금을 배당받는다.

④ 소액임차인이라 하더라도 주택에 대한 경매개시결정등기 전에 입주와 주민등록을 하고 확정일자까지 갖추어야 최우선변제를 받을 수 있다.

⑤ 임차권등기명령의 집행에 의한 임차권등기가 경료된 주택을 그 이후에 임차한 임차인은 경매시 우선변제권을 행사할 수 있다.

91 「주택임대차보호법」에 관한 설명 중 옳은 것은?

① 「지방공기업법」에 따라 주택사업을 목적으로 설립된 지방공사는 이 법상 대항력이 인정되는 법인이 아니다.

② 주택 임대차계약을 체결하려는 자는 임대인의 동의를 받지 않고도 확정일자 부여기관에 정보제공을 요청할 수 있다.

③ 임차인의 우선변제권을 승계한 금융기관은 임차인을 대위하여 임차권등기명령을 신청할 수 없다.

④ 주택임차인의 우선변제권을 승계한 금융기관 등은 우선변제권을 행사하기 위하여 임차인을 대리하거나 대위하여 임대차를 해지할 수 있다.

⑤ 임대차계약을 체결할 때 임대인은 해당 주택의 확정일자 부여일, 차임 및 보증금 등의 정보를 임차인에게 제시하여야 한다. 다만, 임대인이 임대차계약을 체결하기 전에 동의함으로써 이를 갈음할 수 있다.

92 「주택임대차보호법」과 관련한 판례의 태도로 틀린 것은?

① 점포와 사무실로 사용되던 건물에 근저당권이 설정된 후 그 건물이 주거용 건물로 용도 변경된 후 이를 임차한 소액임차인도 특별한 사정이 없는 한 경매시 보증금 중 일정액을 근저당권자보다 우선하여 변제받을 권리가 있다.

② 임대차계약 체결 후 새로운 임대차계약에 의하여 정당하게 보증금을 감액하여 소액임차인에 해당하게 되었다면, 특별한 사정이 없는 한 임차인은 소액임차인으로 보호받을 수 있다.

③ 이행지체에 빠진 임대인의 보증금반환의무는 임차권등기명령에 의하여 등기된 임차권등기의 말소의무보다 먼저 이행되어야 한다.

④ 주택의 소액임차인은 대지에 대한 경매신청의 등기 전에 대항요건을 갖추었더라도 임차주택 대지의 환가대금에 대하여 최우선변제권을 행사할 수 없다.

⑤ 임차인이 그 지위를 강화하고자 별도로 전세권설정등기를 마친 후 「주택임대차보호법」상 대항요건을 상실하면 이미 취득한 이 법상의 대항력 및 우선변제권을 상실한다.

93 「주택임대차보호법」상 임차인의 계약갱신요구권에 대한 기술로 틀린 것은?

① 임대인은 임차인이 임대차기간이 끝나기 6개월 전부터 2개월 전까지 계약갱신을 요구할 경우 정당한 사유 없이 거절하지 못한다.

② 2기의 차임액에 이르도록 차임을 연체한 임차인은 계약갱신을 요구할 수 없다.

③ 임차인은 계약갱신요구권을 1회에 한하여 행사할 수 있다. 이 경우 갱신되는 임대차의 존속기간은 2년으로 본다.

④ 갱신되는 임대차에 있어서 임차인은 언제든지 임대인에게 계약해지를 통지할 수 있다.

⑤ 임차인의 해지는 임대인이 통지를 받은 날부터 3개월이 지나면 그 효력이 발생한다.

94 「상가건물 임대차보호법」에 관한 다음 설명 중 옳은 것은?

① 환산합산보증금이 대통령령이 정하는 기준을 초과하는 임대차의 경우에는 우선변제권이나 임차권등기명령이 인정되지 않는다.

② 임차인은 임대인에 대하여 최초의 임대차기간을 제외하고 10년을 초과하지 않는 범위 내에서 계약의 갱신을 요구할 수 있다.

③ 3기의 차임에 달하도록 차임을 연체한 임차인은 계약갱신요구권을 행사할 수 없다.

④ 계약갱신요구에 의하여 갱신되는 임대차는 전 임대차와 동일한 조건으로 다시 계약된 것으로 보나, 존속기간에 대하여는 1년으로 본다.

⑤ 임차인의 사업자등록은 대항력이나 우선변제권의 취득요건 및 존속요건이기도 하므로, 매각결정기일까지 존속하고 있어야 한다.

95 「상가건물 임대차보호법」에 관한 설명으로 옳은 것은?

① 상가건물 임대차를 등기한 경우 그 다음날부터 제3자에 대하여 효력이 생긴다.

② 임대차가 묵시적으로 갱신된 경우, 그 존속기간은 임대인이 그 사실을 안 때로부터 1년으로 본다.

③ 임대차계약의 당사자가 아닌 이해관계인은 임대인의 동의 없이 관할 세무서장에게 임대인·임차인의 인적사항이 기재된 서면의 열람을 요청할 수 있다.

④ 임차인은 대항력과 확정일자를 갖춘 경우, 경매에 의해 매각된 임차건물을 양수인에게 인도하지 않더라도 배당에서 보증금을 수령할 수 있다.

⑤ 임차인이 갱신 전부터 차임을 연체하기 시작하여 갱신 후에 차임연체액이 3기의 차임액에 이른 때에도 임대인은 계약을 해지할 수 있다.

96 「상가건물 임대차보호법」상 권리금 보호규정에 관한 기술로 옳은 것은?

① 해당 상가건물을 1년 이상 영리목적으로 사용하지 아니한 경우 임대인은 임차인이 주선한 신규임차인과의 임대차계약을 거절할 수 있다.

② 임대인이 권리금 회수방해 금지규정을 위반하여 임차인에게 손해를 발생하게 한 때에는 그 손해를 배상할 책임이 있다.

③ 손해배상액은 신규임차인이 임차인에게 지급하기로 한 권리금과 임대차 종료 당시의 권리금 중 높은 금액을 넘지 못한다.

④ 임대인에게 손해배상을 청구할 권리는 임대차가 종료한 날부터 1년 이내에 행사하지 아니하면 시효의 완성으로 소멸한다.

⑤ 법무부장관은 국토교통부장관과 협의를 거쳐 임차인과 신규임차인이 되려는 자의 권리금 계약 체결을 위한 표준권리금계약서를 정하여 그 사용을 권장할 수 있다.

97 「상가건물 임대차보호법」 관련 판례의 태도로 틀린 것은 것은?

① 사업자등록신청서에 첨부된 임대차계약서에 기재된 환산보증금이 법 적용한도를 초과하는 경우 실제 보증금액이 기준을 충족하더라도 임차인은 동법의 보호를 받을 수 없다.

② 최초의 임대차기간을 포함한 전체 임대차기간이 10년을 초과하여 임차인이 계약갱신요구권을 행사할 수 없는 경우에도 임대인은 권리금 회수기회 보호의무를 부담한다.

③ 임대인이 임차인이 주선할 신규임차인과 임대차계약을 체결할 의사가 없음을 확정적으로 표시한 경우, 임차인이 실제로 신규임차인을 주선하지 않았더라도 임대인에게 권리금 회수방해로 인한 손해배상을 청구할 수 있다.

④ 임대차계약 종료에 따른 임차인의 임차목적물 반환의무와 임대인의 권리금 회수방해로 인한 손해배상의무가 동시이행관계에 있다고 볼 수 없다.

⑤ 권리금 회수 방해로 인한 손해배상책임이 성립하기 위하여 반드시 임차인과 신규임차인이 되려는 자 사이에 권리금 계약이 미리 체결되어 있어야 한다.

98 「민사집행법」상 경매제도에 대한 기술로 틀린 것은?

① 미등기의 건물이라도 채무자의 소유로서 건축허가를 받은 건물이라면 강제경매를 신청할 수 있으나, 무허가건물은 그러하지 아니하다.

② 매각기일에 입찰에 참여하는 자는 매수신고금액의 10%를 보증금으로 제출하여야 한다.

③ 공유지분의 경매의 경우 공유자는 매각기일까지 보증을 제공하고 최고매수신고가격과 같은 가격으로 채무자의 지분을 우선매수하겠다는 신고를 할 수 있다.

④ 매각허가결정에 불복하여 항고하고자 하는 사람은 매각대금의 10% 상당의 금전 또는 법원이 인정하는 유가증권을 공탁하여야 한다.

⑤ 채무자가 매각허가결정에 대하여 항고를 한 경우 그것이 기각된 때에는 보증으로 제공한 금전 등을 돌려줄 것을 요구하지 못한다.

99 법원 경매절차에 관한 기술로 틀린 것은?

① 최저매각가격으로 압류채권자의 채권에 우선하는 부동산의 모든 부담과 절차비용을 변제하면 남을 것이 없겠다고 인정되면 경매절차가 취소될 수 있다.

② 차순위매수신고는 신고액이 최고가 매수신고액에서 보증금을 뺀 금액을 넘는 때에만 할 수 있다.

③ 경매개시결정을 한 부동산에 대하여 다른 강제경매의 신청이 있는 때에는 법원은 이를 각하하여서는 아니된다.

④ 압류의 효력발생 후에 경매목적물의 점유를 취득한 유치권자는 매수인에게 대항할 수 있다.

⑤ 매수인은 유치권자에게 그 유치권으로 담보하는 채권을 변제할 책임이 있다.

100 법원경매의 배당절차에 관련된 설명으로 틀린 것은?

① 첫 경매등기 전에 등기를 경료한 가압류채권자는 당연배당채권자에 해당한다.

② 매각허가를 받은 매수인이 배당받을 채권자인 경우에는 법원에 납부할 대금과 배당받을 금액의 채권상계신청을 할 수 있다.

③ 소유권에 대한 가압류등기 후에 저당권설정등기가 된 경우 양자의 배당순위는 동순위이다.

④ 배당에 있어서 대항요건과 확정일자를 갖춘 임차인은 해당 부동산에 부과된 국세보다 우선한다.

⑤ 배당순위에 있어 저당권에 의해 담보된 채권은 근로자의 일반임금채권보다 우선한다.

구 분	1	2	3	4	5	6	7	8	9	0
1~10	④	③	②	①	③	⑤	②	②	⑤	⑤
11~20	⑤	③	⑤	⑤	⑤	②	②	②	①	③
21~30	③	④	②	③	③	③	③	②	③	①
31~40	④	①	④	⑤	①	⑤	⑤	③	②	④
41~50	②	⑤	④	⑤	②	⑤	④	②	⑤	③
51~60	③	③	④	⑤	②	④	⑤	②	④	①
61~70	③	④	①	⑤	④	③	④	④	⑤	⑤
71~80	③	②	④	③	②	③	④	⑤	②	②
81~90	⑤	⑤	②	③	③	⑤	※	③	③	⑤
91~100	⑤	④	②	①	⑤	②	⑤	②	④	④

※ 문제 87번 정답

(1) (①, ⑤, ⑥, ⑩)

(2) (②, ③, ④, ⑧, ⑨)

(3) (⑥, ⑦, ⑧, ⑨)

(4) (⑤)

제35회 공인중개사 시험대비 **전면개정판**

2024 박문각 공인중개사
윤영기 파이널 패스 100선 **2차** 공인중개사법·중개실무

초판인쇄 | 2024. 7. 25. **초판발행** | 2024. 7. 30. **편저** | 윤영기 편저

발행인 | 박 용 **발행처** | (주)박문각출판 **등록** | 2015년 4월 29일 제2019-000137호

주소 | 06654 서울시 서초구 효령로 283 서경 B/D 4층 **팩스** | (02)584-2927

전화 | 교재 주문 (02)6466-7202, 동영상문의 (02)6466-7201

저자와의
협의하에
인지생략

정가 16,000원
ISBN 979-11-7262-171-1